점령과 개혁

Series NIHON KINGENDAISHI, 10 vols.
Vol. 7, SENRYO TO KAIKAKU
by Shoichi Amemiya
ⓒ 2008 by Shoichi Amemiya
First published 2008 by Iwanami Shoten, Publishers, Tokyo.
This Korean edition published 2012
by Amoonhaksa, Seoul
by arrangement with the proprietor c/o Iwanami Shoten, Publishers,
Tokyo

일본
근현대사
시리즈

7

점령과
개혁

아메미야 쇼이치 지음
유지아 옮김

어문학사

머리말

점령과 개혁의 시대를 다시 묻다

제2차 세계대전 후, 일본에서 점령과 개혁의 시대는 60년도 전의 일이지만, 현재 그것을 어떻게 평가할 것인가는 매우 절실한 문제이다. 헌법 개정 문제, 연공서열과 장기고용 등 일본식 경영에서 정사원과 비정규직으로 이분화된 노동 방식으로의 전환, 일당우위체제에서 연립정권체제로의 정치적 전환 등 지금 대두되는 문제의 전제가 점령과 개혁의 시대에 있으며, 현재의 전환 방향을 생각할 때 반드시 필요한 재료가 되기 때문이다.

제2차 세계대전의 패전과 점령, 개혁의 시대에 대해 지금까지의 연구에서는, 점령과 개혁에 긍정적이든 부정적이든 피점령국의 하층민까지도 지지하는 성공한 점령으로 이해했다고 보아도 좋을 것이다. 그것은 존 다워의 『패배를 끌어안고』라는 책 제목에 단적으로 나타나 있다.

긍정적인 논자는 전후 개혁의 내용과 방향을 기본적으로 지지하면서 그 미흡함을 지적하여 철저히 하기를 주장한다. 부정적인 논자는 점령개혁이 사실은 유조건항복이었음에도 불구하고 철저한 검열과 강제에 의해 개혁이 이루어졌으며, 그 개혁을 원래대로 되돌려야 전후가 끝난다고 주장한다. 부정적인 쪽도 무조건항복에 의한 개혁이 성공한 것을 전제로 하고 있다는 점에서 긍정하는 쪽과 공통성을 가지고 있다. 본서에서는 점령과 개혁의 시대에 대해 이러한 방식으로 서술하는 것이 정말 괜찮은가를 다시 생각해 보고자 한다.

다양한 전후 이미지

전후에 대해 자주 언급되는 것은 "자유와 평등과 탈빈곤을 달성했다"라는 인식이다. 연합국 총사령부(GHQ)의 민간정보교육국(CIE)이 점령기에 일본의 각 지역에서 상영한 영화는 이러한 시각에서 만들어진 것이었다. 즉 빈곤의 정의조차 무조건 수용한 것이다.

또한 점령개혁으로 일본의 모든 것이 변했다. 일본의 전전·전시에서 취할 것은 아무것도 없다. 일본의 전시체제는 연합국과는 어떤 공통성도 없다. 일본의 주요 당이나 리더는 매우 구식이며 무엇도 바꾸려고 하지 않았다는 견해도 있었으며 지금도 있다. 이것은 모두 전략적 또는 무자각적으로 GHQ가 스스로의 기준에 기반하여 만든 것은 아닐까? 지금 요구되는 것은 그것과는 다른 현실을 역사적 현실 속에서 찾아내어 재구성하는 역사적 사고가 아닐까?

일본의 전전·전시에는 자유도 평등도 풍요로움도 없었는가. 전후에는 부자유도 불평등도 빈곤도 없었는가. 전전·전시에 시장전체주의나 국가주의와 다른 협동 자치의 사고방식은 없었는가. 제국주의, 총동원체제, 관리사회라는 점에서 전시기의 일본과 연합국 사이의 공통성은 없었는가. 그리고 점령기의 일본 정부나 리더들은 체제나 헌법을 구성함에 있어서 정말 스스로를 변화시키는 기능을 하지 않았는가.

이러한 전후에 대한 서술 방식은 GHQ 등 외부에서 주어진 이미지에 의해 만들어진 것이거나, 경험과 기대를 투영한 형태로 이루어져 왔다. 그러나 체험, 증언, 기록에 근거를 둔 전후에 대한 인식과 방법이 지금까지는 확고한 이미지를 제공해 왔던 반면, 오늘날에는 모두 부분적이거나 주관적 때로는 자의적으로 느껴지게 된 것은 왜일까?

그것은 인식의 근본이 되는 체험이나 기록에 원래 객관성이 없었거나, 부분적이었다고 하기보다는 그 객관성을 보증해 온 사회의 전체 구조가 변화하고 있으며(전후체제의 동요), 그러한 변화에 입각한 서술 방식이 요청되는데도 사회의 변화에 입각한 체험이나 기록이 기술되고 있지 않기 때문이라고 생각한다.

현상을 보면 부분적, 주관적, 자의적인 방식으로 무조건항복을 성공 스토리로서 서술한 점이 눈에 띈다. 예를 들면, 캐롤 클락은 다른 나라에서는 이미 현대 내지는 후기 근대인 시기가 일본에서는 근대의 출발점이 되었다는 일본의 지적(知的) 상황에서 '오랜 전후' 문제를 설명하고 있다(『歷史で考える』).

그러나 전후를 지속시킨 가장 유력한 힘은 국제체제의 수준에서 이뤄진 전승국의 시스템이다. 그 시점이 없으면 전후를 보는 관점은 부분적, 자의적이 되어 버린다. 전후를 누구든지 이해할 수 있는 형태로 서술하기 위해서는 체계성, 전체성이 필요하지 않을까. 즉 국제 관계, 정치, 경제, 법, 사회, 지역 등 체제 전 영역의 시스템을 상호작용하는 것으로 보면서 서술하는 것이다. 그렇게 해야 비로소 학문에 입각한 새로운 서술 방식이 될 것이다.

전후체제의 극복 방법과 서술 방법

전후체제는 국제적으로는 포츠담(전승국) 체제, 샌프란시스코(냉전) 체제, 정치적으로는 55년체제, 경제적으로는 민간 수요 중심의 일본적 경영체제, 법적으로는 일본국 헌법체제 등으로 이루어진 체제이다(다음 페이지 표 참조).

그리고 지금 우리들이 있는 곳은 이 체제가 동요하여 다음 체제로 이행하는 시점일 것이다. 다음 체제는 자동적으로 결정되는 것이 아니라, 다양한 선택지의 대항과 통합 속에서 결정되겠지만, 거기에는 체계적, 전체적, 장기적인 politics=정치가 필요하다.

가령, 이대로 방치하여 그 방향으로 가는 체제를 part 1, alternative 즉 선택하는 체제를 part 2로 생각한다면, part 1은 국제적으로는 미국을 중심으로 하는 제국의 전개, 경제적으로는 신자유주의, 법적으로는 헌법 개정, 사회적으로는 시장전체주의 체제가 될 것이다. part 2는 예를 들면 국제적으로는 근대국가주권의 상호 제한, 아시아에서는 안전공동체, 경제에서는 비영리 · 비정부의 협동주의경제와 시장주의경제의 혼합경제, 사회적으로는 비정부 · 비영리 영역과 사회적 연대의 확대 등의 체제이다.

다음 체제를 생각할 경우, 이상과 같은 내용은 물론, 그 이행 과정도 중요하다. 이제까지 1920년대의 자유주의체제에서 40년대의 익찬체제·총력전체제로의 이행, 50년대의 총력전체제에서 전후체제로의 이행은 모두 전쟁이라고 하는 군사적 형태로 행해져 왔다. 따라서 현재의 이행이 군사적으로 이행될 것인가, 그렇지 않으면 평화적으로 이행될 것인가가 큰 문제가 된다. 그리고 이 이행의 형태와 그 서술 방식 사이에는 깊은 관계가 있다는 것을 강조해 두고 싶다. 예를 들면, 소련이 붕괴한 후, 세계가 제국주의 국가인 미국에 의한 일원적인 세계로의 전개를 이행하고 있는데, 존 다워의『패배를 끌어안고』에 완성된 형태로 나타나고 있는 무조건항복의 성공 스토리로서의 서술 방식에서는, 승자·패자뿐만 아니라 패자 안의 지배자는 물론 피지배자의 하층민들까지도 승자와 얼싸안고 역사를 만들었다고 하는 확실히 완숙한 성공 스토리로 나와 있다(예를 들면, 增補版·下, 100쪽).

　냉전 후, 제국주의를 전개하기 위해서 미국은 세계 각지에서 내전과 저항을 진압하고 있는데, 다워의 서술 방식은 그것을 위한 이상적인 형태가 되어 있는 것은 아닌가. 전술한 part 1과 같은 군사적인 이행으로의 완벽한 표상(이미지)이다.

▶표. 근현대 일본의 시스템 변화

성립 시기 체제 서브 시스템	1880년 전후	1890년 전후	1920년대	1940년대 전반	1950년대	현재	
						탈전후체제	
			자유주의 체제	전시체제 익찬체제	전후체제	1	2
국제	제국주의	일영동맹 (팍스브리타 니카)	베르사이유- 워싱턴체제	「세계신질서」 「동아신질서」	포츠담- 샌프란시스 코체제	일원적「제 국」의 전개	다원적 아시 아에서 안전 공동체(탈식 민지)
정치	번벌집권	번벌+정당	정당정치+ 보통선거	「정치신체제」	55년체제	연합정권체제	
경제	국가주도	국가주도	자유주의	「경제신체제」 소유에서 경영으로	민수 중심의 「일본적 경영」	신자유주의 경영에서 소유로	민수 중심 협동주의와 의 혼합경제
법	메이지 헌법	메이지 헌법	치안유지법	국가총동원법	일본국 헌법	일본국 헌법 개정	일본국 헌법
사회	근대와 전근대		격차를 당연 시하는 체제	평준화 평등화	기업중심 사회 기능에서 기호로	시장전체주 의 and/or 내셔널리즘	개성화 다양화 탈소비사회 비정부·비영 리영역의 확대
지역	지방분권	중앙집권	지방분권	중앙집권	중앙집권	지방분권	지방분권
과제	국가적 독립 식산흥업		제국의 유지 국제화한 경 제로의 대응 정치 기반의 확대 사회정책	아시아에 대 한 배타적 지배 중화학공업화 평준화· 평등화	냉전대응 중화학공업화 평등화 격차시정 (중앙·지방) (계층)	시장화 「보통의 나라」 「제국화」	국제화 고령화 다양화 개성화 공생 리스크 셰어링

출전: 雨宮昭一『戰時戰後体制論』, 同『近代日本の戰争指導』, 同『総力戰体制と地域自治』, 同「戰後日本の形成·変容と戰争」(同時代史学会編『戰争と平和の同時代史』), 同「同化型占領がなくても民主化は進展しえ た」(同前編『占領とデモクラシーの同時代史』)에서

무조건항복 모델

필자가 무조건항복 모델이라고 부르는 것은 다음과 같다. 먼저

개전 과정에서는 상대에 대한 모든 혹은 그 기본적인 자립성을 포기하도록 요구하고, 응하지 않으면 개전을 할 수밖에 없도록 선택을 강요하는 것. 전투 과정에서는 괴멸적인 무차별폭격, 원폭 투하 등 철저하게 섬멸하려고 하는 것. 전쟁 종결 과정에서는 강화가 아니라 무조건항복하는 것. 점령 과정에서는 피점령 측의 생활방식, 사고방식을 포함하여 전면적으로 개조하려고 하는 것이다.

이 무조건항복 모델에서 보면, 일본의 점령은 결과적으로 민주주의 등 플러스의 가치를 초래했기 때문에 상관없다고 하는 사고방식도 있지만, 필자는 그러한 사고방식을 취하지 않는다. 왜냐하면 소국이든 약국이든 민주주의의 전제인 자립한 단위 간의 관계 그 자체를 부정해 버리면 민주주의를 전제로 하는 정치가 성립하지 않기 때문이다. 전쟁의 결과에 대해서 천황에게 퇴위를 포함한 책임을 지우지 않았던 것에도 자립한 단위의 존재 형태에 대한 근본적인 부정이 존재한다.

어찌되었든 일반적으로 국제적인 시민 감각으로 관계 자체를 소멸시키는 듯한 무조건항복 모델의 성공 스토리는 기분 나쁘고 불쾌한 것인데, 미국의 역사 속에도 이러한 모델이 존재하고 재생산되고 있다. 즉 원주민과의 내전 과정, 남북전쟁의 내전 과정이 그것이며, 그런 의미에서 미국의 오랜 전후는 아직 끝나지 않았다.

성공 스토리가 아닌 서술 방식은 가능한가

무조건항복 모델의 성공 스토리와는 다른 서술 방식은 가능할 것인가. 그것을 모색하기 위해 지금 생각할 수 있는 것을 서술해 두자.

이미 서술한 바와 같이, 전후의 서술 방식이 부분적, 주관적, 자의적이고 한편으로 스크린에서의 성공 스토리가 되어, 그것이 part 1적인 군사적 이행의 표상이 되어 있다고 한다면, 다른 서술 방식은 '체계화된 지식과 방법'으로서의 "학문"(『広辞苑』), '인간 경험을 공공적·객관적으로 정리하여 전하려고 하는 작업'으로서의 "과학"(『平凡社 大百科事典』)이 필요한 단계에 들어와 있다고 해도 좋다. 그것은 politics=정치로부터의 자유를 의미하지는 않는다. 반대로 체계적, 전체적, 장기적인 politics, 즉 탈전후체제의 내용과 그것을 실현하는 전략이 두각을 나타낸다. 일찍이 메이지유신=내전의 '학문'적 평가와 관련한 '자본주의 논쟁'이 전략 논쟁이었다는 것과 같은 것이다.

이상과 같은 의미와 위치를 갖는 학문으로서의 서술 방식을 생각하기 위해서 필요한 시점을 말해두고자 한다. 위에 기술한 바와 같이 성공 스토리로서의 서술 방식을 상대화하는 것에는 첫째, 점령에 의해 '개혁'되었다는 것에 대해서 전전, 전시, 패전 직전에 개혁의 계기가 있었는가 없었는가. 있었다면 총력전체제하에서 패전에 의한 변혁과, 점령에 의한 변혁과도 명확하게 구별할 필요가 있다고 생각한다. 그것들에 의해 점령이 없어도 민주화를 추진할 수 있었는가 아닌가를 검토할 수 있지 않을까.

이러한 방법은 현재 20년간 일본 근현대사 연구에서 패러다임 전환을 이루어 온 총력전체제론에 이미 새로운 의미와 위치 그리고 전개를 초래했다고 생각한다. 전후 사회를 규정하는 데 있어서 점령정책보다 전시기의 중요성을 지적하고, 전시부터의 구조적 연속성을 지적하여 사회과학, 역사학의 연구 방향을 바꾸었다는 점에서 총력전체제론은 탈전후체제의 서술 방식을 준비한 것이라고 평가할 수 있다. 거기에 더 나아가 무조건항복 모델이라고 하는 시점이 더해지면, '소멸' 한 일미 관계의 재창조, 아시아에서 공동성의 창조, 신자유주의에 의해 해체된 것처럼 보이는 사회민주주의나 사회연대의 재생을 생각하기 위한 재료가 나오지 않을까.

본서의 구성

각 장마다 패전과 점령에 의한 개혁의 구별, 즉 점령이 없어도 개혁된 것, 점령에 의해 개혁된 것, 점령이나 패전 없이도 개혁된 것을 구별하면서 전후 10년을 서술해 가고자 한다.

제1장에서는 점령개혁의 전제 조건이 정치적, 사회적으로 어떤 것이었는가. 정치적으로는 4개의 정치 조류 속에서 반도조연합이 승리한 것, 사회적으로는 총력전체제에 의한 사회의 변화가 있었던 것이다. 이것들이 전후의 원점이 된다는 것을 명확하게 할 것이다.

제2장에서는 비군사화, 민주화는 모두 점령 권력에 의해 초래된 것인가에 대해 검증할 것이다.

제3장에서는 일본국 헌법의 성립 과정과 내용을 다루고, 그것이 어떠한 요인에서 만들어지고, 헌법체제는 언제 형성되었는가를 생각한다.

제4장에서는 일본의 정치, 사회 리더들이 점령 전부터 어떠한 '개혁' 을 생각하며 결집하고 있었는가. 종래에 별로 다루어지지 않았던 사실을 소개하면서 그 실태를 서술할 것이다.

제5장에서는 이제까지 GHQ 민정국과의 관계에서 상세하게 분석되어 온 가타야마 테쓰(片山哲), 아시다 히토시(芦田均) 양 내각의 정책을 살펴본 후에, 이 양 내각을 협동주의와 자유주의의 대항 속에서 보면 어떠한 역사적 의미와 위치를 갖는가를 검토할 것이다.

그리고 제6장에서는 강화의 형태도 포함해서 포츠담체제, 샌프란시스코체제, 55년체제, 일본적 경영체제 등을 통합한 전후체제란 무엇인가, 그것은 어떤 문제를 봉인한 체제인가를 보고자 한다. 이상의 것을 서술하면서 성공 스토리가 아닌, 그리고 봉인된 모든 문제를 배제하고자 하는 내셔널리즘도 아닌 서술 방식의 근거를 잡을 수 있기를 기대해 본다(雨宮昭一, 「戦後の語り方ーサクセスストーリーとナルシシズムから"学問"へ」).

차례

제1장 전후 국제체제의 형성과 일본의 패전

옥음방송을 듣는 사람들(1945년 8월 15일, 도쿄·요쓰야에서, 每日新聞社).

1. 총력전체제와 패전

점령개혁의 전제 조건

1945(쇼와 20)년 8월 14일 일본은 포츠담선언을 수락, 다음 날 8월 15일의 '옥음방송'에 의해 국민은 일본이 패배했음을 알게 되었다. 그리고 9월 2일 미국 전함 미주리 호에서 연합국과 항복문서에 조인하고(전권 시게미쓰 마모루〔重光葵〕외상, 우메즈 요시지로〔梅津美次郎〕참모총장), 패전국이 되었다. 여기에서는 '머리말'에서 서술한 바와 같이 점령과 개혁의 전제가 된 전전·전시의 총력전체제 시대가 어떠한 시대였는가라는 점에서 시작하고자 한다.

총력전체제 전 시대인 1920년대의 일본 사회는 어떠한 사회였는가. 농촌에서의 가혹한 지주·소작 관계, 도시 노동자의 무권리 상태, 구 가족제도 아래서 억압받는 여성의 지위, 도시와 농촌에서의 생활 수준 차이 등을 보면, 격차와 불평등이 존재하는 사회였다는 것은 명확하다. 그것을 독일의 경우와 비교해 보자.

독일의 경우 제1차 세계대전의 패배에 의한 점령은 없었지만, 정치, 경제, 군사에서 민주화와 근대화를 진행했다. 그러나 일본의 경우 제1차 세계대전의 단계에서는 총력전체제가 아직 매우 미약했으며, 전승국이었기 때문에 독일과 같은 철저한 변혁의 시련을 겪지 않았다.

▶사진 1-1. 항복문서조인식. 역사적인 광경을 보려고 수병들이 몸을 내밀고 있다(『総合日本史』8).

그러나 농촌과 도시, 젠더 등을 포함한 다양한 격차와 불평등은 1930년대 이후에도 존재했다. 특히 1929년부터 시작된 세계대공황 속에서 이 격차와 불평등이 긴급하게 해결해야 할 문제로 대두된다. 이 문제의 해결 방법에는 세 가지가 있었다고 생각한다. 첫째 사회운동에 의한 해결, 둘째 사회 지배층의 진보적인 세력과 사회 중간층 이하와의 연합에 의한 해결, 셋째 총력전체제로의 참가에 의한 평등화와 근대화, 현대화에 의한 해결이다.

첫째, 사회운동에 의한 격차와 불평등의 해결 방법은 치안유지법 등에 의해 운동이 탄압받거나, 정치 참가가 제한되는 것에 의해 불가능했다.

둘째, 사회 지배층의 진보적인 세력과 사회중간층 이하와의 연합은 어떠한가. 예를 들면, 스페인의 경우에는 국외에서 반식민지운동, 국내에서 군부와 진보파의 동맹에 의한 민주화가 실현되어 현실적으로 성공했다. 일본의 경우에는 민정당과 무산정당과의 연합 가능성은 있었지만, 중일전쟁이 전개되어 불가능하게 되었다(雨宮昭一, 『戰時戰後体制論』 第1章).

그러나 사회에 존재하는 격차와 불평등 문제는 여전히 남아, 1930년대 후반에는 오히려 한층 강화된 형태로 대두된다. 따라서 지금 말한 첫 번째와 두 번째 두 가지 방향이 막힘으로써, 대부분이 세 번째인 총력전체제에 참가하여 평등화와 근대화, 현대화를 위한 해결 방법에 의존하게 된다.

결론을 말하면, 일본에서는 국가총동원체제(총력전체제)에 의해 사회가 변혁되었다. 1930년대 후반부터 40년대 전반의 총력전체제에 의해 사회관계의 평등화, 근대화, 현대화가 진행되었다. 이 사태에 대해서 마루야마 마사오(丸山眞男)가 일본에서 위로부터 파시즘이 진행된 배경을 본래의 프롤레타리아가 적고, 공업화의 정도가 낮았다(『現代政治の思想と行動』)고 말한 것처럼, 일본의 자본주의 구조에서 설명하는 것은 맞지만, 일본의 총력전체제가 프롤레타리아를 만들고 사회관계를 평등화, 근대화, 현대화했다는 것 또한 사실이다.

총력전체제를 담당한 네 가지 정치 조류

다음으로 이상에서 본 총동원체제가 어떠한 담당자에 의해 만들어졌는가를 보고자 한다.

그것은 사회의 변혁이 이미 패전 전에 진행되고 있었으며, 이 변혁이 점령기에 어떠한 사람들에 의해 어떻게 계승되어 전개되어 갔는가라는 주체의 측면에서 문제를 생각해 보고 싶기 때문이다.

또한 전쟁 중에 단순히 수동적으로 국가총동원체제가 만들어지거나, 사회관계를 근대화, 현대화한 것이 아니라 그것을 담당한 정치 조류가 존재했다는 것을 명확하게 하고 싶기 때문이다.

그 정치 조류는 네 가지가 있었는데, 전시기 또는 총력전체제기에만 있었던 것이 아니라 점령기 나아가 점령 이후의 시대에도 계속해서 존재하고 있다.

먼저 이 네 가지 정치 조류에 대해 개관해 보자(표 1-1).

▶표 1-1. 네 가지 정치 조류

정치 조류	정책	주요 인물
국방국가파	위로부터 군수공업화의 강행 국민 부담의 평등화	도조 히데키, 기시 노부스케, 가야 오키노리 등(육군통제파, 혁신관료)
사회국민주의파	아래로부터 사회의 불평등, 근대화, 현대화 소유와 경영의 분리 노동 조건의 개선 국민생활수준의 평등화 여성의 사회적·정치적 지위의 향상 동아공동체	가자미 아키라, 아소 히사시, 아리마 요리야스, 가메이 칸이치로, 센고쿠 코타로 등(쇼와연구회, 고노에 후미마로 주변의 사람들)
자유주의파	철저한 산업합리화 재정정리, 군축 자유주의 경제정책 친영미	다나카 키이치, 하마구치 오사치, 하토야마 이치로, 요시다 시게루 등(1920년대의 정계·재계 주류에서 시작)
반동파	메이지 시대의 정치, 경제, 사회 체제로의 복귀	마사키 진자부로, 스에쓰구 노부마사, 미쓰이 코시 등(관념우익, 지주, 육군황도파, 해군함대파)

첫 번째 조류는 도조 히데키(東条英機) 등 육군통제파, 기시 노부스케(岸信介), 가야 오키노리(賀屋興宜) 등의 상공관료를 중심으로 한 혁신관료, 신흥 재벌을 중심으로 한 위로부터 국방 국가를 만들자는 그룹으로, 위로부터 군수공업화를 강행하자고 하는 사람들이다. 일본을 군수공업화하면 그것에 맞추어 사회관계의 평준화와 획일화가 이

▶사진 1-2. 와다 히로오(1903~1967)
전전에는 기획원 관료, 전후에는 사
회당 정책심의회장으로서 지주·소작
제도의 개혁을 지향함.

루어질 수밖에 없다. 이로써 이제까지
와 같은 전근대적 또는 다양하게 존재하
는 격차 등을 어느 정도 평등화, 평준화,
획일화하는 작업이 빠르게 강행되었으
며, 사회복지나 노동복지 문제도 이 공
업화에 맞춘 형태로 개선될 수밖에 없다
는 측면을 가지고 있다. 예를 들면, 전후
사회당의 정책심의회장이었던 와다 히
로오(和田博雄)는 당시 기획원의 관료였
는데 국방국가파였다. 그들은 전후 군사

없는 국방국가파가 된다.

두 번째는 사회국민주의파로 불린 조류이다. 여기에는 제1차 고
노에 후미마로(近衛文麿) 내각이 성립(1937년 6월)하는 전후에 고노에
주변으로 결집한 브레인들, 쇼와연구회 계열의 사람들이 많다. 가자
미 아키라(風見章), 아리마 요리야스(有馬頼寧) 등 농촌의 산업조합운
동을 기반으로 하는 사람들, 아소 히사시(麻生久), 가메이 칸이치로(亀
井貫一郎) 등 노동운동이나 농민운동의 지도자, 센고쿠 코타로(千石興
太郎) 등 1920년대에 노동조합법이나 소작권법을 만든 관료들이다. 그
들은 첫 번째의 국방국가파와 달리 사회운동도 포함하여 밑으로부터
사회를 평준화·근대화·현대화한다는 것을 생각하고 있던 그룹이다.
그것은 결국 밖으로는 동아공동체, 안으로는 사회국민주의라는 형태
로 결집해 갔다.

그들은 노동자, 농민, 중소기업 경영자, 여성 등의 평등화와 현실
정치나 경제 과정에의 참가를 요청한다. 그렇기 때문에 국방국가파와

사회국민주의파는 사회를 평준화·획일화·평등화·현대화하는 것에 대해서는 같은 방법을 취하지만, 국방국가파가 전체로서 군수관료를 포함한 관료제를 중심으로 한 파라고 한다면, 사회국민주의파는 사회 운동적 사고에 매우 심취해 있다고 생각해도 좋을 것이다.

　세 번째 조류는 자유주의파이다. 1920년대의 재계 주류와 그것에 기반을 둔 기성정당 세력이나 관료가 주류이다. 대표적인 인물을 들면, 20년대에는 다나카 키이치(田中義一), 와카쓰키 레이지로(若月礼次郎), 하마구치 오사치(浜口雄幸) 등, 40년대에는 하토야마 이치로(鳩山一郎), 요시다 시게루(吉田茂) 등이다. 자유주의파는 공황기 30년 전야(前夜)의 하마구치, 와카쓰키 내각 시기에는 철저한 산업 합리화, 군축, 재정 정리 등 과격하다고 할 수 있는 자유주의적인 정책을 이행하여, 군부와 대중 쌍방으로부터 과격한 저항을 받았다. 그들은 일본의 경제는 국가에 의해 보호받는 단계로부터 민간 기업이 자립한 경영으로 이행하게 된다(자유주의경제)고 생각한다. 40년대에는 총력전체제에 대해 반(또는 비)총력전체제를 주장했다. 왜냐하면 총력전체제는 이윤 본위를 부정하고 소유보다 경영을 중시하는 것과 같이 현실의 자유주의적인 시스템에 대해 상당한 제약이나 제한을 행하기 때문이다. 따라서 자유주의파는 총력전체제에 대해 소극적이었다.

　마지막 네 번째 조류는 반동파이다. 반동파에는 마사키 진자부로(真崎甚三郎) 등 육군 황도파, 스에쓰구 노부마사(末次信正) 등 해군 함대파, 미쓰이 코시(三井甲之) 등 관념우익, 대다수의 지주 등이 있다. 그들은 다이쇼 데모크라시 시대에 시작된 노동운동이나 농민운동 또는 군축운동에 의해 기득권익을 빼앗겼고, 총력전체제에 의해서도 대거 기득권을 빼앗겼기 때문에 총력전체제에 대해 매우 반동적으로 움직인 그룹이다.

이상이 1920~1930년대의 거국일치체제 시기에 병존하고 있었던 네 가지 정치 조류이다.

도조 내각의 성립

문자 그대로 총력을 요구하는 제2차 세계대전 참가는 그 총력을 결집하는 데 장애가 되는 법적, 정치적, 경제적, 문화적, 사회적인 요소를 개혁하도록 강요하였으며, 그것은 기존 제도의 해체와 내각으로의 권력 집중이라는 형태를 취했다. 이것이 총력전체제이며, 미·영 등과의 개전 직전에 성립(1941년 10월 18일)한 도조 내각은 총력전체제 형성의 절정을 보이고 있었다.

그러나 이후에도 총력전체제가 진행 중일 때 이 네 가지 조류가 여전히 중요한 위치를 점한다. 앞에 서술한 바와 같이 총력전체제는 기득권을 빼앗으면서 재편성될 수밖에 없었기 때문에, 기득권을 가진 조류와 기득권을 가지지 않고 새로운 시스템을 만들려고 하는 조류의 대항은 필연적이었다.

이러한 대항은 특히 1942년 6월 미드웨이 해전의 패배부터 상당히 현저하게 나타났다. 총력전체제의 추진파인 사회국민주의파와 국방국가파가 연합하

▶사진 1-3. 도조 히데키(1884~1948년) 아시아·태평양전쟁의 개전을 결정할 때의 수상. 국방국가파의 중심 인물.

고, 총력전체제에 반대하는 반동파와 자유주의파가 이에 대항한 것이다. 중일전쟁 후기부터 제2차 세계대전 초반까지 사회국민주의파와 국방국가파의 연합이 주류파로서 존재하여, 반동파·자유주의파와의 격한 대립이 얼마 동안 이어졌다.

반도조연합의 대두

사회국민주의파와 국방국가파의 연합은 도조 내각의 성립으로 절정을 맞이하지만, 국내에서 총력전으로의 진전이 강화되고 국외에서 군사적 패퇴가 시작되자 도조 내각의 후반에는 총력전체제에 부정적인 반동파와 자유주의파의 연합이 대두되었다. 1945년 2월에 제출한 「고노에 상주문」(표1-2)은 바로 이 반도조 내각연합의 공약이었다.

고노에 주장의 주지는 현재 정치를 이행하고 있는 그룹은 사유재산을 침해하고 가족제도를 침범하여 노동자의 발언권을 증대시키는 일에 진력하고 있다는 것이다. 사유재산을 침해한다는 의미는 총력전체제에서 소유와 경영의 분리, 이윤 본위에서 공익 본위 경제로의 이행이며, 비군사산업에서 군사산업으로의 강제적인 전업, 비군사산업의 강제적 폐업 등 전폐업의 강제였다. 즉 사유재산 침해 반대를 통해서 총력전체제의 근간적인 문제로 파고들어 가는 것이었다.

총력전체제하에서는 현실적으로 부를 창출하여, 노동하는 자가 상대적으로 지위를 향상시킬 수밖에 없다. 따라서 종래의 지주나 자본가가 마음대로 하는 체제에 대항해서 노동자의 복지나 보건제도, 지주의 소유분을 눈에 띄게 삭감하는 식량관리제도 등이 만들어지고, 노

동자나 농민의 경제적, 사회적 지위가 향상되었다. 그것이 고노에 상
주문의 '노동자 발언권의 증대' 라는 표현으로 나타나 있다.

또한 가족제도를 침범한다는 것은 총력전·총동원체제 안에서 여
성 노동자의 사회 진출, 여성의 사회적 지위 향상을 의미한다.

▶ 표 1-2. 고노에 상주문(1945.2.14)

쇼와 20년 2월 14일
상주문
패전은 유감스럽지만 빠른 시일에 반드시 이를 것이라고 여겨지며, 이하 이
전제하에 말씀 드리겠습니다.
패전은 우리 국체의 일대 결점이지만, 영미의 여론은 오늘까지의 국체의 변경
까지는 진행되어 있지 않고(물론 일부에는 과격론이 있고, 또 장래 얼마나 변화할지
는 추측하기 어려우며), 따라서 패전만이라면 국체는 걱정할 필요가 없다고 여겨
집니다. 국체 수호 건전에서 가장 우려되는 것은, 패전보다 패전에 수반하여
일어날 수 있는 공산혁명에 있습니다. 곰곰이 생각해 보면, 우리나라 내외의
정세는 지금 공산혁명을 향해 급속도로 진행하고 있다고 여겨집니다. 즉 국외
에서는 소련의 비정상적인 진출에 당면해 있습니다. 우리 국민은 소련의 의도
를 적확하게 파악하지 못하고, 그들의 1935년 인민전선전술, 즉 2단 혁명 전
술 채용 이래, 특히 최근 코민테른 해산 이래, 적화의 위험을 경시하는 경향
이 현저한데, 이것은 피상적이며 안이한 시각이라고 생각됩니다. 소련이 궁극
적으로 세계적화정책을 버리지 않는다는 것은, 최근 유럽 제국에 대한 노골적
인 책동에서 점점 명료해지고 있습니다.
소련은 유럽에서 그 주변 제국에는 소비에트적 정권을, 그 외의 제국에는 적
어도 친소 용공 정권을 수립하도록 하여, 착착 그 공작을 진행시켜 현재에 대
부분 성공을 보고 있는 상황에 있습니다. (중략)
이러한 형세에서 미루어 생각해 보면, 소련은 이윽고 일본의 내정에도 간섭해
올 위험이 충분히 있다고 여겨집니다(즉 공산당 공인, 드골 정부, 바돌리오[Pietro
Badoglio] 정부에 요구한 것과 같이 공산주의자의 입각, 치안유지법 및 방공협정의 폐지
등). 바꾸어 국내를 보면, 공산혁명 달성의 모든 조건은 날마다 구비되어 가는
것을 볼 수 있습니다. 즉 생활의 궁핍, 노동자 발언권의 증대, 영미에 대한 적
개심 고양과 반대로 친소 분위기, 군부 내 한 무리의 혁신운동, 이에 편승하
는 소위 신관료운동 및 이것을 배후에서 조종하고 있는 좌익분자의 암약 등
이 있습니다. 위에서 특히 우려해야 하는 것은 군부 내 한 무리의 혁신운동에
있습니다.

소·장교 군인의 다수는 우리 국체와 공산주의는 양립할 수 있다고 믿고 있는 것처럼, 군부 내 혁신론의 기조 또한 여기에 있다고 알고 있습니다. 황족들 중에도 이 주장에 귀를 기울이시는 분이 있다고 들었습니다. 직업군인의 대부분은 중류층 이하의 가정 출신자로, 그 대부분은 공산적 주장을 수락하기 쉬운 경향이 있으며, 또한 그들은 군대 교육에서 국체 관념만은 철저하게 주입받았으므로, 공산 분자는 국체와 공산주의의 양립론으로 그들을 이끌려고 하고 있는 것입니다. (중략)

작금의 전쟁 국면의 위급함을 고함과 동시에, 1억 옥쇄를 외치는 소리에 점차 기세가 가해지고 있습니다. 이러한 주장을 하는 사람은 이른바 우익자류이지만, 배후에서 이를 선동하고 있는 것은, 이것으로 국내를 혼란에 빠뜨려 결국 혁명의 목적을 달성하려고 하는 공산 분자라고 주시하고 있습니다. (중략)

전쟁 종결에 대한 최대의 장애는 만주사변 이래, 오늘의 사태까지 시국을 추진해 온 군부 내의 그러한 무리의 존재라고 생각됩니다. 그들은 이미 전쟁 수행의 자신을 잃어버렸지만, 지금까지의 면목상 끝까지 저항을 할 자들이라고 여겨집니다.

만약 이 무리를 일소하지 않고, 조급하게 전쟁 종결에 손을 쓸 때에는 우익, 좌익의 민간 지사가 이 무리와 향응하여, 국내에 일대 혼란을 야기해 소기의 목적을 달성할 위험이 있습니다. 따라서 전쟁을 종결하려면, 먼저 그 전제로서 이 무리의 일소가 중요하게 여겨집니다.

이 무리만 일소한다면, 편승한 관료 및 우익, 좌익의 민간 분자도 모습을 감출 것입니다. 아마도 그들은 아직 큰 세력을 결성하지 못하고, 군부를 이용해서 야망을 달성하려는 자 이상은 아니기 때문에, 그 근본을 끊으면 지엽은 스스로 말라버릴 것입니다.

「日本外交年表並主要文書」

반도조연합의 승리-전후의 출발점

이러한 총력전체제를 긍정할지 부정할지를 둘러싼 격심한 논쟁에 결론이 나는 것은 44년 7월 18일 도조 내각의 총사퇴였다. 즉 여기에서 자유주의파, 반동파를 중심으로 하는 반도조연합이 승리한 것이다.

이즈음부터 대외정책에서도 반도조연합적 색채가 강해졌다. 당시 대외정책에는 조기화평노선, 일격화평노선, 철저저항전노선이라는 세 가지 흐름이 있었으나, 고노에 상주문에 찬성하는 중신, 정치가, 군인 등 반도조연합은 일격화평에서 조기화평노선으로의 이행을 주장했다. 또한 도조 내각 안에서 국방국가파 일부 사람들이 반도조연합에 합류하고, 사회국민주의파도 국방국가파로부터 이반하였기 때문에 마지막에는 국방국가파 안에 육군주류파만이 고립되는 사태가 되었다.

이러한 일련의 움직임은 무엇을 의미하는가.

패전에 대해 '너무 늦어서 많은 사람이 죽었다' 라든가, '좀 더 빨리 해야 했다' 고 말하는 이도 있지만, 사실은 조기화평노선의 반도조연합이 승리함으로써 처음으로 패전이 가능하게 되었던 것이다. 그리고 자유주의파와 반동파, 특히 자유주의파가 패전 전부터 정치의 주류가 되어 갔다.

따라서 점령과 개혁의 문제를 생각할 때, 사실은 패전 내지 점령 전에 주류파가 된 자유주의파를 중심으로 하는 정치 조류가 이미 존재하고 있다는 것, 또한 총력전체제에 의해 변혁된 사회가 존재하고 있다는 것이 패전과 점령의 전제가 되었다고 생각해야 할 것이다.

종래의 점령과 개혁은 총력전체제와 정면에서 대립하는 것이라고 생각되어 왔지만, 사실은 총력전체제의 방향을 계승하여 완성시켰다는 면이 있는 것은 아닐까. 그런 의미에서 말하면, 점령과 개혁은 전후의 원점이라고는 할 수 없는 것은 아닐까.

요시다 시게루나 하토야마 이치로 등과 같은 자유주의파는 패전 후에도 계속하여 전후 개혁에 저항한 것은 아닐까. 전후의 출발점은 반도조연합의 성공과 총력전체제에 의해 변혁된 사회이며, 그것이 일

본에서 '사회민주주의적 체제'였다고 하는 현재까지 이어진 전후의
출발점이기도 한 것이다(雨宮,「岸信介と日本の福祉体制」).

2. 전후 국제체제의 형성

제2차 세계대전 후의 국제체제

전쟁에는 당연히 승패가 있다. 그리고 전쟁이 대규모일수록 전쟁 종료 후의 체제는 그 승패의 정도와 결과를 예민하게 반영한다. 또한 승자와 패자의 관계는 승자 간의 분배와 체제 유지를 둘러싼 승자 간의 회의나 패자와의 강화회의에 확실하게 나타난다. 그 관계가 전후 국제체제이며, 통상적으로 각각의 회의 장소 이름을 붙여서 불려왔다.

제1차 세계대전에 대해서 거론하자면, 1918(다이쇼 7)년의 베르사이유조약─베르사이유체제가 있다. 동아시아에서는 1921년 12월 일영미불 4개국에 의한 4개국조약(이른바 워싱턴조약─워싱턴체제)이 있다. 대략을 말하면, 베르사이유·워싱턴체제가 제1차 세계대전 후의 전후 국제체제가 된다. 이것이 전승국의 질서라는 것은 말할 필요도 없다. 그리고 이것에 불만을 가진 세력이 세계신질서 또는 동아신질서를 요구하며 행동으로 옮겨 반베르사이유·반워싱턴체제를 형성하였고, 그것이 원인이 되어 제2차 세계대전이 일어난 것이다.

일본에게 제1차 세계대전 후는 미국, 영국과의 협조가 최대의 과제였다. 그리고 그것을 전제로 한 중국의 종속이 또 다른 조건이었다. 워싱턴체제는 대영미협조와 중국의 종속을 나름대로 통일한 것이었지만, 다이쇼 말기에 그 전제 조건이 무너졌다. 워싱턴체제는 1919년에 일어난 5·4운동과 같은 중국의 민족운동을 '동결(凍結)' 한 체제였으나, '동결' 된 민족운동이 일본의 만몽권익에 대항하여 그 민족운동을 둘러싸고 일미도 대립하게 되었기 때문이다.

더욱이 워싱턴체제에서는 존재를 인정받지 못했던 러시아·소비에트가 1917년 10월혁명 이후 10년이 지나 동아시아에서 거대한 존재로 재등장했다. 그리고 경제에서 상대적인 안정을 붕괴시킨 1929년의 세계대공황이 거기에 더해졌다.

이러한 형태로 세계와 동아시아에서 제1차 세계대전 후 전후 국제체제의 붕괴 과정은 앞에서 서술한 일본 국내의 여러 정치 조류의 정치적 상황과 깊은 관계가 있다(雨宮,『近代日本の戦争指導』).

제1차 세계대전 후의 전후 국제체제에 저항하면서 참여하고자 하는 세력과, 기득권익을 지키고자 하는 세력과의 대립 속에서 제2차 세계대전이 일어났으며, 군사적 결말이 나는 단계에서 다음의 전후 국제체제가 준비되어 가게 된다. 그리고 그것이 바로 제2차 세계대전에서 이뤄진 전후 국제체제의 형성 과정이었다.

포츠담선언과 국제연합

말레이 반도 상륙·진주만 공격에 의해 일본이 대영미 개전을 실시한 1941년 12월 8일의 이틀 전에, 독일군이 모스크바에서 패배하여 후퇴하기 시작하였고, 43년 9월 이탈리아 신정부의 무조건항복, 45년 5월 독일 정부의 무조건항복, 그리고 45년 8월 일본 군대의 무조건항복과 추축국(樞軸國) 측의 무조건항복이 이어졌다. 이 사이 승자인 연합국이 어떠한 형태로 추축국의 군사적 패배의 국제체제를 만들어서 디자인해 갔는지를 되돌아보고자 한다.

먼저 1단계는 41년 8월 14일에 비준된 대서양헌장(표 1-3)이었다. 거기에는 영국·미국 양국의 영토불확대, 정치 형태 선택의 자유, 공해의 자유, 무력 행사의 포기, 침략국의 무장해제 등 모든 원칙이 서술되어 있었는데, 이미 기득권익을 가지고 있는 입장에서 전쟁 목적을 명확하게 함과 동시에 전쟁 목적에 맞추어 만약 이길 경우에는 패자에게 베르사이유·워싱턴체제와 공통된 전후 국제 질서를 강요하는 것이었다.

43년 1월 14일 독일, 이탈리아, 일본의 무조건항복을 결정한 카사블랑카회의가 열렸다. 그로부터 같은 해 11월에는 프랭클린 루스벨트, 처칠, 장개석 3인에 의해 카이로회담이 실행되었다. 카사블랑카회의에서 확실시된 바와 같이 일본이 무조건항복을 할 때까지 철저하게 싸울 것, 만주·타이완·펑후 제도(澎湖諸島, 중국 푸젠 성(福建省)과 타이완 섬 사이의 타이완 해협에 있는 제도 – 역주)의 중국으로의 반환, 조선의 독립, 일본의 위임통치령이었던 남양제도의 박탈 등이 확인되었다.

계속해서 43년 11월 말까지 루스벨트, 처칠, 스탈린에 의해 테헤

란회담이 개최되었다. 여기에
서는 주로 독일의 전후 처리 문
제가 토의되었다. 45년 2월 4
일 얄타회담에서는 대독최종작
전과 항복 후 독일 처분 문제가
논의되었다. 이 회담에서 일본
과 매우 깊은 관계가 있는 것은
비밀협정으로 남사할린, 치시

▶사진 1-4. 포츠담회담. 1945년 7월 17일부터 미영소 수뇌
가 참가한 상태에서 열렸으며, 독일의 전후 처리, 대일전쟁
종결책이 논의되었다. 7월 26일 포츠담선언이 발표되었다.

마 열도(쿠릴열도) 영유를 조건으로 소련에 대일참전을 재촉한 것이다.

　45년 7월 26일 일본군에의 무조건항복 권고와 일본의 전후 처리
방침을 제시한 포츠담선언이 발표되었다. 미국, 영국, 중국 3국 수뇌
에 의한 것으로(후에 소련도 참가), 군국주의의 기반 제거, 영토 점령, 민
주화 촉진, 영토 삭감, 군대 해산, 군수산업 이외의 평화산업 유지, 장
래 무역 관계에의 참가 허가 등 13항목으로 되어 있다.

　이러한 승자로서의 연합국, 특히 그 중심인 영국, 미국에게는 개
전 전의 기득권익(공해를 자유롭게 사용하고, 국제적인 경제의 자유경쟁이 가능
한 것 등)을 보존한 상태에서 패전국의 권익을 이어받게 하였다. 그리고
그 나라 안팎의 시스템을 그대로 유지=재생산하기 위해서 그들의 '자
유'와 '민주주의'라는 사고방식을 무조건 패자에게 침투시킨다. 즉
동화, 동질화할 수 있는 체제로서의 전후 국제체제가 우선 형성되었던
것이다. 그리고 그 체제를 경제력이나 군사 행동으로 유지하였으며,
거부권이라는 거대한 권한을 가진 전승 5대국 체제로서 45년 10월 24
일에 국제연합이 성립되었다.

▶표 1-3. 대서양헌장(1941.8.14)

(1941년 8월 14일 대서양에서 서명)
미합중국 대통령 및 연합왕국에서 황제폐하의 정부를 대표하는 '처칠' 총리대신은
회합을 하고 난 후에, 양국이 세계를 위해 더 나은 미래를 추구하는 희망의 기초
가 될 양국 국책의 공동원칙을 공표하는 것이 바람직하다고 생각하는 바이다.

첫째, 양국은 영토 및 기타 어떤 확대도 추구하지 않는다.
둘째, 양국은 국민들이 자유롭게 표명한 희망과 일치하지 않는 영토의 변경을 행
　　하는 것을 바라지 않는다.
셋째, 양국은 모든 국민이 그 밑에서 생활할 수 있는 정치의 형태를 선택할 권리
　　를 존중한다. 양국은 주권과 자치를 강탈당한 자들에게 주권과 자치를 다시 돌
　　려줄 것을 희망한다.
넷째, 양국은 기존의 의무들을 적법하게 존중하며, 대국이든 소국이든, 또는 승전
　　국이든 패전국이든 상관없이 모든 국가가 경제적 번영에 필요한 세계의 통상 및
　　원료를 균등한 조건에서 이용하도록 촉진할 것에 노력해야 한다.
다섯째, 양국은 개선된 노동 기준, 경제적 향상 및 사회적 안정을 모든 나라를 위
　　해 확보하기 위하여 위의 모든 나라 사이에 경제적 분야에서 완전한 협력을 도
　　모하기를 바란다.
여섯째, '나치'의 폭학을 마지막까지 파괴한 후에 양국은 모든 국민에 대해 그 국
　　경 안에서 안전하게 거주할 수 있는 수단을 제공하며, 또한 모든 나라의 모든
　　인류가 공포 및 결핍으로부터 해방되어 완전하게 살 수 있도록 확실한 평화가
　　확립될 것을 희망한다.
일곱째, 그러한 평화는 모든 인류로 하여금 방해받지 않고 아무런 장애 없이 공공
　　의 해양을 항해할 수 있게 해줄 것이다.
여덟째, 양국은 세계의 모든 국민은 실재론적 이유에 의하든 정신적 이유에 의하
　　든 무력의 사용을 포기해야 한다고 요구하고 있다고 믿는다. 육·해 또는 공의
　　군비가 자국의 국경 밖에서 침략을 위협하거나, 위협할 수 있는 국가들에 의해
　　계속 사용될 때에는 장래의 평화는 유지될 수 없기 때문에, 양국은 더욱 광범위
　　하고 영구적인 일반적 안전보장제도의 확립이 이루어질 때까지 그러한 국가들
　　의 무장해제는 불가결하다고 믿는다. 양국은 또한 평화를 사랑하는 국민을 위하
　　여 압도적인 군비 부담을 경감해 줄 다른 모든 실행 가능한 조치를 원조하고 조
　　장해야 할 것이다.

프랭클린 D. 루스벨트
윈스턴 S. 처칠

(『日本外交年表並主要文書』)

전후 국제체제의 형성으로

이상과 같은 과정과 미국의 대일점령 구상이 상호 연관되어서 진행되었다. 미국의 경우, 39년 9월 1일 나치 독일이 폴란드에 침입하여 유럽에서 전쟁이 시작되었을 때에는 아직 참전하지 않았다. 그러나 그때 미국의 헐 국무장관은 독일과 일본이 항복할 경우 어떻게 대처할지를 자문하기 시작했다. 41년에는 대외관계 자문위원회의 제2차 위원회가 만들어지고, 참전 후 다음 해인 42년 봄에 그 위원회 안에서 '극동반(極東班)'이 생겨, 여기에서 구체적으로 일본 항복부터 점령으로의 이행, 점령 형태, 점령정책이 논의되기 시작했다.

당시 프랭클린 루스벨트 대통령은 미국의 여론을 배경으로 하면서 매우 엄격한 무조건항복과 상당히 철저한 일본의 개혁을 생각하고 있었다. 이것에 대해 전전 도쿄제국대학의 연구생으로 콜롬비아 대학과 육군군정학교에서 일본사 강의를 하고 있었던 휴 볼튼 등 많은 지일파는 변혁을 유도하는 소프트한 형태로 일본의 항복과 점령을 생각하고 있었다고 한다(竹前栄治『占領戦後史』, 五百旗頭真「アメリカの対日占領管理構想」, 同『米国の日本占領政策』).

대외관계 자문위원회는 44년에는 '전후계획위원회(PWC)'로 발전하여, 포츠담선언에 가까운 내용이 만들어졌다. 45년 6월에 그것을 'SWNCC(국무·육·해군 삼성조정위원회)150'으로 미국 정부가 결정하였으며, 마침내 7월에 포츠담선언이 되었다.

여기까지의 과정은 어떤 의미에서는 제2차 세계대전 후의 전후 국제체제 형성 제1기라고 해야 할지도 모르겠지만, 47년 정도까지의 과정을 보면, 영토적으로도 권력적으로도 승자의 배당이 확보된 체제가 형성된다. 그리고 제2기는 그 승자들 사이의 분열이 현저화한 시기이다. 승자들 사이에 분열한다고 해도 승자로서의 위치는 서로 확보하면서 그 분열이 시작된다. 이것이 냉전체제이다. 그러나 냉전체제가 시작되어도 쌍방이 승자로서의 위치는 확보하는 형태로 제1기 전후 국제체제는 계속되었다.

3. 패전으로의 길

본토결전을 피하게 되어 행운이었을까

일본의 패전은 이상에서 서술한 바와 같이 승자의 분배를 실현하는 과정으로 진전되었다. 특히 큰 포인트는 미국을 포함한, 어떤 의미에서는 연합국 전체가 1943~44년 정도까지는 독일과 이탈리아와 같이, 본토가 결전장이 되는 것을 전제로 한 형태의 일본의 항복(종전) 과정을 구상하고 있었지만, 여러 가지 요인으로 그 예상이 빗나갔던 점이다.

일본의 항복은 일찍부터 45년 12월까지는 걸릴 것이라고 연합국 측은 생각하고 있었지만 그 예상을 넘어 일본의 종전은 빨라졌다.

빨라진 이유는 히로시마·나가사키에 대한 원폭 투하와 소련의 참전도 있었지만, 그렇더라도 본토결전을 하지 않는다는 보증은 없었다. 즉 원폭이 떨어지고 소련도 참전한다는 상황이 되었을 때, 국토를 기반으로 해서 최후까지 싸운다는 현실성이 반드시 적었던 것은 아

▶사진 1-5. 나가사키 상공에 치솟는 원자운(1945년 8월 9일. 『決定版昭和史』 13).

니다. 지도적 정치 세력이 분열된 채로 정치적 지도가 이루어지는 경우에는 '본토결전'이 될 가능성은 있었던 것이다.

그것을 저지할 수 있었던 것은 반도조연합의 승리에 의한 통일성을 가진 정치 지도부가 이미 형성되어 존재하고 있었기 때문이며, 만약 본토결전이 있을 경우에는 틀림없이 중앙정부는 없어지고 본래 의미의 무조건항복이라는 사태가 되었을 것이다.

한편, 45년 8월경의 문서에 의하면 미국 정부에서는 미국이 중심이 되어 일본을 점령하고, 소련과 영국과 중국에서 분할통치를 하는 안을 생각하고 있었다(五百旗頭真, 『米国の日本占領政策』 下). 그러나 이 이오키베(五百旗頭)의 논의도 그렇지만, 패전이 빨라지고 분열이 되지 않았던 것은 매우 행운이었다고 강조되는 일이 많다. 그러나 행운이었다고 하는 시점으로 봐도 좋은가. 그것보다 만약 분할된 경우에는 다른 전개가 이루어져 반드시 비참한 상황만이 아닌 다른 모습도 있었던 것은 아닐까.

일본의 항복 과정

여기에서 45년 8월 15일에 이르는 일본의 항복 과정을 조금 구체적으로 살펴보자. 앞에서도 서술한 바와 같이 본토결전을 피할 수 있었던 것에 대해서 지금까지 미국 지일파의 역할이나 원폭 투하, 소련의 참전이 그 요인이었다고 설명해 왔지만, 반드시 그것만으로 충분조건이 되지는 않을 것이다. 차라리 일본 국내에서 항복을 확실히 받아들일 수 있는 정치 세력이 있을까 없을까라는 것이 결정적인 의미를 가지는 것은 아닐까.

따라서 반도조연합이 도조 내각 말기에 생겨서, 그것이 어떻게 일본의 종전, 패전을 준비했는가를 4가지 정치 조류의 동향을 좇으면서 생각해 보고자 한다.

도조 내각이 총사직하고 4일 후, 44년 7월 22일에 고이소 쿠니아키(小磯国昭) 내각이 성립되었다. 고이소 내각은 고이소 스스로가 총력전체제를 다이쇼기에 처음으로 구상했던 것처럼 일견 국방국가파 또는 육군통제파로 불린다.

그러나 고이소 내각 성립 과정에서의 중신회 구성을 보면, 와카쓰키 레이지로(若月礼次郎), 오카다 케이스케(岡田啓介), 요나이 미쓰마사(米内光政) 등 자유주의파, 히라누마 키이치로(平沼騏一郎), 하라 요시미치(原嘉道, 또는 하라 가도) 등의 반동파, 기성정당 주류파에 가까운 우가키 카즈시게(宇垣一成)파의 아베 노부유키(阿部信行)가 있다. 그리고 이 시점에서 자유주의파와 반동파를 연결하고 있는 것은 고노에 후미마로(近衛文麿)이다. 즉 이 중신회의 자체에 자유주의파와 반동파가 다수를 점하고 있는 회의였다.

또한 고이소 내각의 각료 인물 중에서 눈에 띄는 것은, 연립내각의 상대로 지정된 것이 자유주의파의 요나이 미쓰마사라는 점이다. 이것은 자유주의파와의 연립내각이 강제되었다는 것을 나타내는 것이다. 그리고 각료를 구체적으로 보면, 도조 내각으로부터 계승한 인맥과, 고이소 인맥 이외에는 마에다 요네조(前田米蔵) 운수통신대신, 시마다 토시오(島田俊雄) 농상대신, 마치다 추지(町田忠治) 국무대신이 있음을 볼 수 있다.

마에다 요네조, 시마다 토시오는 구정우회 간부, 마치다 추지는 구민정당 간부이다. 그 외에 기성정당인, 오가타 타케토라(緒方竹虎) 등의 언론인 등 내각에서 자유주의파가 현저하게 증가하고 있다. 이러한 고이소 내각의 인적 구성은 정계에서 자유주의파 세력의 신장을 가리키고 있다.

당시 전쟁의 귀추를 둘러싸고 세 가지 사고방식이 있었다. 첫째는 도조파를 중심으로 하는 강경한 전쟁계속론, 둘째는 쇼와 천황도 포함한 일격화평론, 셋째는 고노에 등의 조기화평론이다.

고이소 내각은 한편에서는 대정익찬회와 익찬장년단을 행정의 통제하에 두고 그 정치성을 약화시키고, 대의사(代議士) 중심의 익찬정치회로 정치와 선거의 일원화를 실행했다. 이것은 반도조연합에서 특히 자유주의파의 요청이 있었는데, 그 요청을 받아들인 것이다. 한편으로 학도근로령, 여자정신노동령 등에 의한 전시동원체제의 강화를 도모하여, 대소교섭이라든가 국민정부고시부원장 묘힌(繆斌)을 통한 국민정부와의 화평공작 등으로 화평의 계기를 잡으려고 하였다(히가시쿠니 나루히코[東久邇稔彦], 『東久邇日記』).

이렇게 고이소는 자유주의파와의 연립내각에서 일격화평론을 주장하였지만, 그 화평공작은 외무성과 천황으로부터도 저지되었다. 그리고 스스로 자처한 육상겸임도 통수부로부터 거부되어 45년 4월에 사직했다.

후임 수상이 검토되었던 중신회의의 구성원은 고노에, 오카다, 와카쓰키, 히라누마였기 때문에 대부분 자유주의파와 반동파의 연합이었는데, 그들은 차기 수상 후보에 대해서는 해군조약파인 스즈키 칸타로(鈴木貫太郎)로 일치하여 4월 7일 스즈키 내각이 성립했다. 스즈키 내각의 각료를 보면, 이전 내각에 이어 시모무라 히로시(下村宏) 국무대신, 오카다 타다히코(岡田忠彦) 후생대신, 사쿠라이 효고로(桜井兵五郎) 국무대신 등 자유주의파도 들어갔으며, 또한 오타 코조(太田耕造) 등 반동파도 들어갔다. 고노에 계통이 늘어나고 자유주의파도 감소하지 않은 내각이었다. 단 혁신관료가 많은 것을 어떻게 생각할 것인가가 문제이지만, 어쨌든 국방국가파의 한 명인 스즈키 칸타로가 패전을 정했다는 것은 본 시리즈 제6권의 『아시아·태평양전쟁』에서 상세하게 기술한 대로이다.

이러한 형태로 스즈키 내각은 당초에는 철저한 저항을, 실제로는 일격화평론을 주장했다. 그것은 천황도 같았다고 생각한다. 실제로는 익찬회와 익찬장년단(익장)의 해산 등을 실시하여 국민의용대를 발족시키는 일도 했지만, 이것은 철저한 항전이라는 형태를 취하면서도 현실적으로는 익찬회와 익장이 정부 비판, 혁명으로 나아가는 것을 두려워한 측면이 있었다는 것을 나타내고 있다.

그리고 이 움직임이 고노에 상주문의 내용과 결부된다. 스즈키 내각이 45년 6월경부터 조기화평으로 움직이면서 육군주류파 이외에도 이 움직임에 찬동했다. 8월 14일 일본 정부는 포츠담선언을 수락하고 패전을 받아들였으며, 스즈키 내각은 8월 15일에 총사직했다.

히가시쿠니노미야 내각에서 시데하라 내각으로

패전 후 스즈키 내각이 총사직하고 나서 그 뒤를 이어 8월 17일에 히가시쿠니노미야 나루히코(東久邇宮稔彦) 내각이 성립되었다. 각료에는 요시다 시게루(吉田茂, 외무), 요나이 미쓰마사(米内光政, 해군), 나카지마 치쿠헤이(中島知久平, 군수·상공), 오가타 타케토라(緒方竹虎, 내각서기관장) 등 자유주의파, 센고쿠 코타로(千石興太郎, 농상) 등 사회국민주의파, 육군황도파인 오바타 토시시로(小畑敏四郎, 국무) 등 반동파 등이 참여했다. 바로 반도조연합의 주류인 자유주의파·반동파의 연합내각이었다.

그 정치 방침은 국내 전시체제를 평시로 복귀하는 것, 즉 치안유지법체제를 당연한 전제로 하는 1920년대로의 복귀였다. 그러나 점령군에게 치안유지법체제의 재현이라는 점을 지적당하여 인권지령을 실행하지 못하고, 10월 5일 총사직하게 되었다.

인권지령을 실행하지 못하고 히가시쿠니노미야 내각이 무너진 것에 대해서 많은 연구자들은 전전과 본질이 변하지 않는 것을 강조하는 일이 많지만, 이것은 어떤 의미에서는 당연한 것이며, 특히 지배층 내부의 반총력전파에 의한 종전이 행해졌기 때문에 패전의 충격이 약해졌던 것이다.

히가시쿠니노미야 내각의 뒤를 이어 45년 10월 9일에 성립한 시데하라 키주로(幣原喜重郎) 내각은 10월 4일 GHQ의 인권지령에 의해

치안유지법 관계 등 반동파의
정치적 기반이 잘려 나갔기
때문에 자유주의파 일색의 내
각이 되었다. 시데하라 내각
의 정치범 석방, 탄압법규 철
폐 등 여러 정책은 이탈리아
의 바돌리오(Pietro Badoglio) 정
권의 여러 가지 정책과 유사
한 것이었다.

▶사진 1-6. 시데하라 키주로 내각(1945년 10월 9일, 『芦田均
日記』1).

　　시데하라 내각 때 점령권력에 의한 5대 개혁(부인 해방, 노동조합 결
성의 장려, 학교교육의 민주화, 비밀심문 사법제도의 철폐, 경제기구의 민주화)이 진
전되고, 전시체제에 의한 평등화·균질화가 결합된 대중운동이 일어
나자, 자유주의파의 사회적 기반(재벌·지주제)이 타도의 대상이 되었다.
전전의 천황제도 권위주의도 가지지 않은 자유주의, 민주주의를 시도
하는 시대로 들어가게 된다.

　　그리고 바로 이 시기에 개전 책임 문제가 나오는데, 이것은 다음
장에서 언급한다. 그것은 천황의 전쟁 책임은 물론, A급 전범, BC급
전범 문제에도 관계되지만, 특히 개전 책임 문제는 천황 퇴위 문제와
의 관계에서 매우 중요한 의미를 갖는다. 또한 패전 직후와 헌법제정
기 그리고 도쿄재판(극동국제군사재판) 판결 전후와 강화조약기의 천황
퇴위 문제에 대해서 다시 생각해 보고자 한다.

제2장 비군사화와 민주화

아쓰기(厚木)기지에 도착한 맥아더와 막료들(1945년 8월 30일, 每日新聞社).

1. 점령체제의 형성

점령의 개시와 미국

1945(쇼와 20)년 8월 15일, 쇼와 천황이 전쟁 종결의 조서(표 2-1)를 방송하고(옥음방송), 제2차 세계대전은 끝났다. 아시아인 약 2천만 명, 일본인 약 3백만 명의 죽음이라는 엄청난 희생자를 낸 전쟁이었다. 8월 30일에는 연합국 최고사령관 맥아더가 가나가와 현(神奈川県)의 아쓰기(厚木) 비행장에 도착, 9월 2일 제1장에서도 서술한 바와 같이 미국 함대 미주리 호 위에서 항복문서의 조인식이 거행되었다.

이 조인식 날(오키나와는 6월부터 미군정이 실시되었다)로부터 52년 4월 28일 강화조약(대일평화조약) 발효까지 연합국에 의한 점령이 실시되었다. 먼저 이 점령체제의 구조에 대해서 다케마에 에이지(竹前栄治) 등의 연구에 의거하여 처음에 간단히 서술해 두겠다.

일본은 포츠담선언에 기반하여 연합국의 점령하에 놓이게 되었다. 연합국의 구성은 제일 위에 극동위원회가 있는데, 미국, 영국, 중국, 소련, 오스트레일리아, 네덜란드, 프랑스, 인도, 캐나다, 뉴질랜드, 필리핀 11개국으로 구성되었다. 후에 버마(현재 미얀마), 파키스탄이 참가하여 13개국이 되었다. 극동위원회가 점령정책을 결정하고, 미국 정부를 통해 연합국 최고사령관에게 전달하는 체제였다.

이 최고사령관의 두뇌라고 할 수 있는 것이 연합국 총사령부(GHQ)인데, 그 수족이라고 할 수 있는 제8군의 각 군정부 등 지방 군정 기구와 일본 정부를 통해 일본 국민을 관리했다.

조금 더 자세하게 설명하면, 미국 정부 내에서 사실상 국무·육·해군 삼성조정위원회(SWNCC)가 현실적인 정책 결정을 행하고, 국무성 안의 점령지구담당 국무차관보에게 그 방침이 전달되어, 국무차관

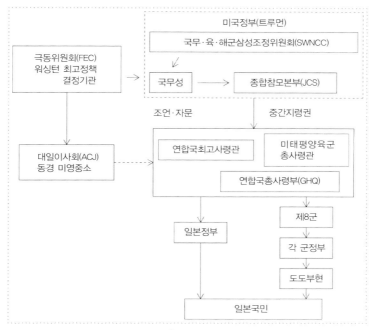

▶그림 2-1. 일본 점령의 구조(福永文夫, 『戰後日本の再生』, 丸善, 2004年, 27쪽 그림을 수정).

보로부터 그 정책의 실행 주체인 통합참모본부에게 내려간다. 그리고 통합참모본부가 미국 태평양 육군총사령관과 연합국 최고사령관을 수장으로 하는 GHQ에 그 정책을 명령한다. 한편, 극동위원회의 일본 지부라고 할 수 있는 연합국 대일이사회(미국, 영연방, 중국, 소련 4개국으로 구성)가 GHQ의 자문을 받는 형태를 취하면서, GHQ를 통해 일본 정부에 정책을 명령하여, 일본 정부가 일본 국민을 통치한다는 형태이다.

맥아더는 연합국 최고사령관이라는 측면과 미국 태평양 육군총사령관이라는 두 가지 측면을 가지고 있어서, 일본에는 연합국 최고사령관으로 왔지만, 한편으로는 미국 태평양 육군총사령관이기 때문에 산하의 제8군 밑에 있는 지방 군정부가 일본 정부와 도도부현(都道府県)을 움직여 통치 방침이 일본 국민에게 전달되는 구조로 되어 있다.

즉 연합국이 점령을 하고 있는 형태를 취하고 있지만, 현실적으로는 미국 정부가 거부권과 GHQ에 명령을 내릴 수 있는 긴급중간지령권(극동위원회의 사후승인을 필요로 하고는 있지만)을 가지고 있었던 것이다. 따라서 극동위원회는 농지 개혁, 소련으로부터의 인양(귀환, 송환) 등 아주 약간의 예외를 제외하고 실제로 중요한 정책 결정을 할 수 없는 상황이었다.

극동위원회가 최고사령관에 대한 감시 역할을 하기 위해 일본에 파견한 기관으로 구성된 대일이사회가 동경에 설치되었지만, 거의 기능하고 있지 않았다.

연합국의 점령이라고는 하지만 실질적으로는 미국 정부의 정책이 일본을 지배하고 있었다. 그것은 일본이 미국에 의한 공습과 원폭에 의해 패전을 맞이하게 되었다는 것을 단적으로 표현하는 것이다. 그리고 실제로 정책의 실시를 담당한 것은 연합국 최고사령관 맥아더였는데, 워싱턴으로부터의 명령과 통합참모본부의 지령을 실시하는 데 있어서 GHQ가 상당한 재량권을 가지고 있었다.

헌법 제정, 내무성 해체, 천황의 전범으로부터의 제외, 농지 개혁, 의료복지 개혁 등 여러 정책은 미국 정부로부터의 명령이라기보다는 GHQ 단독의 정책 결정이었다(竹前栄治『占領戦後史』, 福永文夫『戦後日本の再生』).

이상과 같이 현장 가까운 곳에 초점을 맞출수록 현지 점령당국의 자립성은 강한 것처럼 보이지만, 후술하는 바와 같이 헌법과 천황제의 존재 형태처럼 체제의 근간에 관계되는 제도에 대해서는 항상 미국 이외의 연합국과 극동위원회의 의향이 큰 영향력을 가지고 있었다.

그렇기 때문에 극동위원회 또는 그 배후에 있는 미국 이외의 연합국이 사실은 점령정책을 담당한 또 하나의 주역이라는 측면을 좀 더 살펴볼 필요가 있는 것은 아닐까. 그것은 미국의 단독 점령이었다는 평가 방법 자체를 상대화해서 전후체제를 전승국체제로서 정확하게 평가하는 것과도 관계되는 것이기 때문이다.

조서

짐은 세계의 대세와 제국의 현 상황을 감안하여 비상조치로서 시국을 수습코
자 충량한 너희 신민에게 고한다.

짐은 제국정부로 하여금 미영중소 4개국에 그 공동선언을 수락한다는 뜻을
통고하도록 하였다.

대저 제국 신민의 강녕을 도모하고 만방공영의 즐거움을 함께 나누고자 함은
황조황종(皇祖皇宗)의 유범으로서 짐은 이를 삼가 제쳐 두지 않았다. 일찍이 미
영 2개국에 선전포고를 한 까닭도 실로 제국의 자존과 동아의 안정을 간절히
바라는 데서 나온 것이며, 타국의 주권을 배격하고 영토를 침략하는 행위는
본디 짐의 뜻이 아니다. 그런데 교전한 지 이미 4년이 지나 짐의 육해군 장병
의 용전(勇戰), 짐의 백관유사(百官有司)의 여정(勵精), 짐의 일억 중서(衆庶)의 봉공
(奉公) 등 각각 최선을 다했음에도, 전국(戰局)이 호전된 것만은 아니었으며 세
계의 대세 역시 우리에게 유리하지 않다. 뿐만 아니라 적은 새로이 잔학한 폭
탄을 사용하여 번번히 무고한 백성들을 살상하였으며 그 참해(慘害)가 미치는
바는 참으로 헤아릴 수 없는 지경에 이르렀다. 더욱이 교전을 계속한다면 결
국 우리 민족의 멸망을 초래할 뿐더러, 나아가서는 인류의 문명도 파각할 것
이다. 이렇게 되면 짐은 무엇으로 억조의 적자를 보호하고 황조황종의 신령에
게 사죄할 수 있겠는가. 짐이 제국정부로 하여금 공동선언에 응하도록 한 것
도 이런 까닭이다.

짐은 제국과 함께 시종 동아의 해방에 협력한 여러 맹방에 유감의 뜻을 표하
지 않을 수 없다. 제국신민으로서 전진(戰陣)에서 죽고 직역(職域)에 순직했으며
비명(非命)에 쓰러진 자 및 그 유족을 생각하면 오장육부가 찢어진다. 또한 전
상(戰傷)을 입고 재화(災禍)를 입어 가업을 잃은 자들의 후생(厚生)에 이르러서는
짐의 우려하는 바 크다. 생각건대 금후 제국이 받아야 할 고난은 물론 심상치
않고, 너희 신민의 충정도 짐은 잘 알고 있다. 그러나 짐은 시운이 흘러가는
바 참고 견디기 어려움을 견뎌, 이로써 만세(萬世)를 위해 태평한 세상을 열고
자 한다.

이로써 짐은 국체(國體)를 수호할 수 있을 것이며, 너희 신민의 적성(赤誠)을 믿
고 의지하며 항상 너희 신민과 함께 할 것이다. 만약 격한 감정을 이기지 못
하여 함부로 사단을 일으키거나 혹은 동포들끼리 서로 배척하여 시국을 어지
럽게 함으로써 대도(大道)를 그르치고 세계에서 신의(信義)를 잃는 일은 짐이 가
장 경계하는 일이다. 아무쪼록 거국일가(擧國一家) 자손이 서로 전하여 굳건히
신주(神州, 일본)의 불멸을 믿고, 책임은 무겁고 길은 멀다는 것을 생각하여 장
래의 건설에 총력을 기울여 도의(道義)를 두텁게 하고 지조(志操)를 굳게 하여
맹세코 국체의 정화(精華)를 발양하고 세계의 진운(進運)에 뒤지지 않도록 하라.
너희 신민은 이러한 짐의 뜻을 명심하여 지키도록 하라.

御名御璽

쇼와 20년 8월 14일

『官報』号外, 一九四五年八月一四日

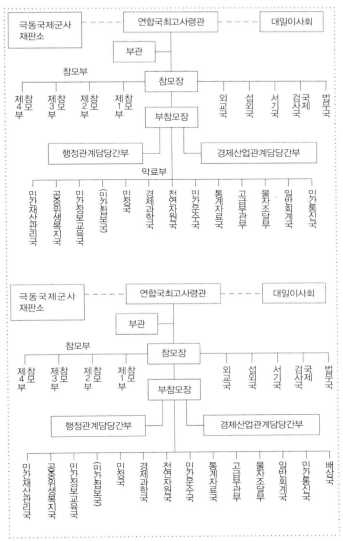

▶그림 2-2. GHQ 조직도 (위의 그림은 1946년 8월, 밑의 그림은 1947년 9월 현재. 竹前栄治, 『GHQ』, 岩波書店, 1981년, 91쪽에서).

GHQ란

점령정책을 실제로 담당한 GHQ 관리체제를 상세하게 말하면, 「GHQ 조직도」(그림 2-2)와 같다.

연합국 최고사령관 아래 참모장, 그 아래 각 참모가 있고, 참모 제1부~제4부, 법무국, 국제검사국, 서기국, 섭외국, 외교국으로 구성되어 있다. 또한 부참모장 아래에는 막료부가 있고, 그 막료부 안에는 민간통신국, 일반회계국, 물자조달부, 고급부관부, 통계자료국, 민간운수국, 천연자원국, 경제과학국, 민정국, 민간첩보국, 민간정보교육국, 공중위생복지국, 민간재산관리국이 있어서, 각각 일본의 주요 관청과 대응하고 있다.

예를 들면, 참모 제2부(G-2)는 정보, 보안, 검열의 임무를 수행하는 곳으로, 후에 요시다 시게루와 히라노 리키조(平野力三) 등과도 관계가 있는 것으로 유명한 월로비가 부장이었다. 참모 제2부에 대응하는 일본의 주요 관청은 대본영, 종전연락국, 내무성, 내각관방이다. 또한 점령과 개혁의 역사 속에 자주 등장하는 민정국은 휘트니가 국장이었던 것으로 유명한데, 입법, 행정, 공직추방, 지방자치 등이 주요한 임무이며, 대응하는 일본의 주요 관청은 종전연락국, 내무성, 총리부 등이었다.

점령체제는 이렇게 만들어졌는데, 그것은 전쟁의 패전 양상에 매우 강하게 규정받는 시스템이었다. 독일의 경

▶ 사진 2-3. 참모 제2부장 월로비
(1892~1972).

우에는 미국, 영국, 프랑스, 소련 4개국에 의해 분할되어, 문자 그대로 중앙정부가 존재하지 않는 상태에서 무조건항복, 직접관리, 직접군정이라는 형태를 취했지만, 일본의 경우는 사실상 미국의 단독 점령이었다. 그 점에서는 직접군사작전을 담당한 영미가 점령관리에 대해서도 배타적 권한을 가졌다는, 즉 '이탈리아 방식'과 유사하다(豊下楢彦, 「比較のなかの日本占領」).

　　연합국 측에서 보면, 1944년경부터 일본의 패전은 빨라도 45년 12월 이후가 될 것이라고 예상하고 있었기 때문에, 45년 8월의 일본 패전은 연합국에게 예상하지 못한 너무 빠른 결과였다. 따라서 8월의 시점에서는 점령정책을 어떻게 할 것인지 구체적인 준비가 부족했다.

　　패전은 히로시마·나가사키 원폭 투하와 소련의 만주 진격이 결정적이었다고 자주 언급되는데 과연 그럴까. 역사적 사실에 입각하여 생각해 보면, 반도조연합의 승리에 의해 패전을 가능하게 한 정치 조류가 주도권을 잡고 있었던 것이 결정적이었다. 즉 3, 4개월 패전이 늦었을 경우에는 본토결전이 되어 독일과 같이 정치 지도부가 괴멸 또는 부재한 상태에서 일본이 복수의 국가에 의해 분할 점령된다는 것은 충분히 가능한 이야기였다. 그렇게 되었다면 반대로 한반도가 분할될 일은 없었을 것이다.

　　그런데 일본의 점령은 일본 정부를 중간에 둔 간접점령이었다고 하는데, 일본 국내에서도 두 장소를 직접 점령했다. 하나는 한반도 북부, 남사할린(南樺太), 치시마 열도(千島列島)가 소련군의 직접군정에 의해 직접점령된 것이다. 다른 하나는 한반도 남부, 아마미 제도(奄美諸島), 류큐 제도(琉球諸島)를 포함한 남서제도, 오가사와라가(小笠原諸島) 미군의 직접군정에 의해 직접점령된 것이다. 한편 타이완이 중

제2장 비군사화와 민주화 | 55

국에 반환되어 일본의 영토는 청일전쟁 전으로 돌아가게 되었다(竹前『日本占領史』).

점령은 무장해제로부터 시작되었다

점령의 첫 번째 목표는 일본의 무장해제였다. 이것은 다시는 위협의 주체가 되지 않고, 위협의 주체가 되게 하지 않겠다, 즉 미국이나 아시아에 대한 위협으로서의 일본을 해체한다는 것을 의미한다. 그리고 도쿄재판, 공직추방, 군수산업의 금지 등 무장해제 그 자체를 포함한 비군사화 정책이 잇달아 빠르게 실시되었다.

이 개혁 안에서 군수산업에서 민수산업으로의 전환이 비교적 원활하게 이루어졌다. 그 전환은 전시 중 총동원체제를 만들었을 때 유효하게 기능했던 중앙·지방의 관료기구와 실업대책구조 등이 매우 잘 활용되었기 때문이다. 전시체제와의 관련성이 이 전환을 가능하게 했던 것이다(雨宮昭一,『戦時戦後体制論』第七章). 이것은 점령이 있든 없든 전시체제 이전의 평시로 복귀하는 것이라고도 할 수 있다.

45년 10월 5일 히가시쿠니노미야 내각이 인권지령을 실행하지 못하고 총사직했지만, 그 다음 날 인권

▶사진 2-4. 후추(府中)형무소에서 출소하는 도쿠다 큐이치(徳田球一, 중앙좌)와 시가 요시오(志賀義雄, 중앙우) 등 정치범(1945년 10월 6일, 『総合日本史』8).

지령은 실시되어 전전·전시에 투옥되었던 정치범이 해방되었다. 해방된 사회주의자는 '일본 인민의 힘으로 해방되지 못했다'라고 눈물을 흘리며 말했다고 한다. 그러나 이 지령이 없었을 경우 '일본 인민'에 의한 해방의 가능성은 있었을까, 있었다면 그 시기는 언제였을까, 바로 이것을 검토할 필요가 있는 것은 아닌가. 그것은 점령과 개혁을 재검토하는 데 일조할 것이다.

GHQ의 5대 개혁지령

10월 9일, 히가시쿠니노미야 내각이 총사직한 후 뒤를 이어 성립한 시데하라 키주로 내각 때 GHQ로부터 '5대 개혁지령'이 내려졌다. 이 지령은 10월 11일 시데하라 수상이 맥아더 원수와 회담했을 때 요구한 것으로, 부인 해방, 노동조합 결성의 장려, 학교교육의 민주화, 비밀경찰 등의 폐지를 의미하는 비밀심문 사법제도 철폐, 경제기구의 민주화 5가지였다. 이때 헌법 개정의 검토도 동시에 요청되었다.

5대 개혁을 검토할 때 생각해야 할 것은 각각의 개혁이 GHQ와 일본 정부 어느 쪽이 주도권을 가지고 실행되었는가를 구별하는 것이다. 그것에 대해서는 GHQ 지령형, 일본 정부 선점형, 혼합형 세 가지 타입으로 나누어지며, 혼합형이 가장 많다고 되어 있다(五百旗頭眞, 「占領改革の三類型」). 그러나 이 문제는 조금 다른 시각에서도 생각할 필요가 있는 것은 아닐까. 즉 점령이 있었든 없었든 패전에 대응하는 개혁의 가능성이 있었던 것은 아닌가라는 시각이다. 그것을 가능하게 하는 요인의 첫째는 전전 사회에서 계승된 것, 둘째는 총력전체제에서

계승된 것, 그리고 셋째는 패전이나 점령이 없어도 실행되었을 개혁의 가능성이다. 그것은 '동화형 점령이 없어도 민주화는 진전될 수 있었다' (雨宮, 「"同化型占領がなくても民主化は進展しえた"」)는 가능성을 생각할 수 있는 재료를 얻으려고 한 것이다. 그것에 의해 점령이라고 하는 본래 꼭 필요하다고는 할 수 없는 관여를 통한 개혁이 '훌륭한 개혁' 으로 고정화되고, '머리말' 에서 서술한 바와 같이 '제국' 의 개혁 이데올로기가 되는 것을 상대화할 수 있기 때문이기도 하다.

2. 점령개혁의 실시

부인참정권과 노동조합법

5대 개혁지령 중에 먼저 '부인 해방'을 구체화하는 하나로써 부인참정권이 실시되었다. 1945년 12월 17일 시데하라 내각 때 '중의원 의원 선거법 개정'이 공포되어, 20세 이상의 남녀가 선거권, 25세 이상의 남녀가 피선거권을 갖게 되었다. 여성에게는 둘 다 처음이었다. 46년 4월 10일에 제22회 총선거가 실시되어 여성 의원이 39명 당선되었다. 이것은 GHQ로부터의 지령에 의한 개혁이었지만 전전부터 있던 참정권운동이 결실을 맺은 것이기도 했다.

부인참정권운동은 다이쇼기의 1910년대까지는 고조되었다. 또한 총력전체제 안에서 여성의 지위는 매우 향상되었다. 여성의 직장 진출과 대정익찬회 등 익찬체제의 중앙·지방 영역의 각 단위 간부에 여성이 진출한 것 등에 잘 나타나 있다. 그렇기 때문에 점령군이 지적하든 지적하지 않든 여성의 사회적 지위의 향상과 발언권 확대는 이미 있었고, 늦든 빠르든 여성 참정권의 부여는 가능했다.

　다음으로 노동조합결성 장려 문제이다. 이것도 1920년대에 노동 조합법안을 만든 내무성 사회국과 노동운동이나 농민운동, 그 안에서 도 노동운동 지도자들과의 관계에서 계속 형성되어 온 노동조합 관계 지도자의 움직임, 그리고 총력전체제 안에서 구체적인 생산을 이행하 는 노동자의 지위 향상을 생각해 보면, 점령이 없어도 늦든 빠르든 노 동조합의 결성은 있었을 것이다.

교육개혁

　교육개혁에 대해서는, 이미 42년에 미국 대통령 명령에 의해 설 치된 육군성과 참모본부에 소속된 비밀정보기관인 전략국이 43년부 터 44년에 걸쳐 작성한 '일본의 행정·문부성'에 의해, '군국주의적 인 정신 형성'과 연결되는 교육제도를 소멸시키는 것을 기본으로 하 는 방침을 내놓았다. 이후 이 방침은 SWNCC, 국무성으로 넘어갔고, SWNCC에서는 45년 7월 19일 일본인에 대한 재교육은 농지 개혁과 경제 개혁을 필수 전제로 해서 청소년뿐만 아니라 전 인민을 대상으로 한다는 결정을 내리고 있다(SWNCC162/D).

　이후 점령하에서는 45년 9월 22일 미국 태평양 육군 총사령부에 당초 일본을 직접 점령하기 위한 군정국으로부터 독립하여 만들어진 민간정보교육국(CIE)이 교직 추방(10월 30일), 국가 신도의 금지(12월 15 일), 수신·일본 역사·지리 수업 정지(12월 31일) 등의 '교육지령'을 내 렸다. 그 후 46년 3월 5일과 7일에 일본을 방문한 미국교육사절단 일행이 6·3·3제 학교체제 등을 권고하였고, 사회과의 도입(1947년), 교육위원회의 공선제도(1948년) 등이 행해졌다(久保義三,「占領と教育改革」).

　이상과 같이 교육개혁도 원래는 미국에서 군사상의 심리작전을 담당한 정보기관에서 만들어진 것이다. 그리고 그 개혁에 의해 교육제도, 교육 내용(콘텐츠), 교육위원회제도에 대해서 매우 발본적인 개정이 이루어졌다고 할 수 있지만, 몇 가지 점에서 그 평가를 유보할 필요가 있다. 교육위원회의 공선, 교육의 지방분권, 부모의 참가가 점령기 교육개혁의 기둥으로 되어 있는데, 전전·전시에 지역의 교육제도를 보면, 정촌(町村)의 유력자, 촌락 대표, 남자 교원 1인으로 구성된 학무위원제도가 있어서 교육과목의 가제, 보습제도 등을 이미 검토하고 있다(千葉正士『学区制度の研究』, 中島太郎『近代日本教育制度史』).

　전전·전시는 특히 교육에 대한 국가의 보조가 매우 적은 시대였기 때문에, 부모들이 현실적으로 학교 운영을 유지하고 있었으며, 교정과 교사의 보수까지 행하고 있었다. 지역의 청년단도 아동교육을 지원하고 있어서, 교육제도의 지방분권은 상당한 정도로 진행되어 있었다(필자도 공저한『山梨県史』『茨城県史』『塩山市史』및 雨宮, 『総力戦体制と地域自治』등 참조). 그리고 6·3·3제로의 제도개혁은 전시기 교육의 '기회균등'과 '대중화'에 입각하여 이미 준비되어 있었다(大内裕和,「教育における戦前·戦後」). 따라서

▶사진 2-5. 패전 직후의 아이들. 복장에 부모의 애정과 노고가 나타나 있다(『図説 日本文化史大系』13).

점령당국의 명령에 의해 교육제도의 자유주의적 개혁이 가능했다는 것은 그다지 자명하지 않다. 교육제도와 내용의 문제에서 말하자면, 1920~30년대 전반까지의 교육내용과 30년대 후반~40년대의 그것은 명백하게 상당히 다른 것이다.

교육내용에 대해서 말하면, 소학교의 독본에서 '앞으로 앞으로 병사 앞으로' 라는 군국주의적인 색채가 짙어진 것은 1933년부터였으며, '국가에 대한 헌신……의 강고한 확립'(橋田邦彦文相)을 목적으로 한 국민학교제도가 개시된 것은 41년이었다(久保前揭論文). 즉 이들 교육내용은 '만주사변' 이래의 전쟁 상태라는 비일상적인 체제 안에서 행해진 교육내용과 제도였기 때문에, 1920년대 평상시의 그것과는 상당히 다르다. 따라서 패전이 되면 그 제도와 내용은 적어도 평상시로의 복귀, 즉 20년대로의 복귀가 당연시되기 때문에, 점령당국이 권고하지 않더라도 패전에 의해 군국주의적인 내용이 바뀌었다는 것은 거의 자명하다고 생각해도 좋다. 그 점에서 일본의 전전·전후의 교육내용과 비교하는 것보다는, 미국과 영국 등 연합국 측의 전시체제에서 전쟁에 임하는 내용의 교과서가 전후에 어떻게 바뀌었는가를 비교하는 편이 더욱 흥미 있지 않을까.

이상, 교육개혁 문제에 대해서 미국에서는 군대 심리작전의 지속이라는 측면이 있었다는 점, 일본에서는 전쟁에 임하는 내용은 전시 중에 만들어졌다는 점, 전전에는 부모의 협력도 학교 운영에 대한 지역의 실질적인 '분권' 도 있었다는 점, 전시기에 개혁의 원형이 만들어져 있었다는 점 등을 알 수 있었다. 이러한 사실은 더욱 주목해야 할 점이 아닐까.

국가와 신도의 분리

45년 12월 15일 '국가와 신도의 분리 지령' (신도지령), 즉 정부에 의한 신사·신도에 대한 지원·감독을 금하는 지령이 내려져 국가와 신도의 분권이 이루어졌다. 이것도 매우 복잡한 문제였는데, 국가와 신도가 유착한 것 역시 전시체제 중이었다. 국가와 신도의 유착은 35년부터 36년에 걸쳐 일어났던 국체명징운동처럼 기관설적인 천황제에서 신권설적인 천황제로의 이행이 이루어진 것과 깊은 관계가 있을 것이다. 국가와 신도의 유착에 의한 전시체제는 패전에 의해 권위의 몰락이 명백해졌다. 따라서 이것도 국가와 신도의 분권 방법이 GHQ가 지령한 바대로 이행되었을지 아닐지는 차치하고, 적어도 전시 중과 같은 형태의 유착 그 자체는 GHQ가 신도지령을 내리든 아니든 조금 시간이 걸렸을지라도 분권이 가능했다고 생각해야 하지 않을까.

3. 도쿄재판과 전쟁 책임

도쿄재판과 천황

1945년 9월부터 12월에 걸쳐 도쿄재판(극동국제군사재판)을 이행하기 위해 도조 히데키(東条英機)를 시작으로 전쟁 지도자들이 하나씩 체포되었다. 그 사이 28명이 A급 전쟁범죄자로 기소되어, 46년 5월 3일부터 극동국제군사재판소에서 재판이 시작되었다.

전쟁 지도자들이 체포되는 바로 그 시기에 천황의 전쟁 책임이 외국과 일본 국내에서 큰 문제가 되었다(粟屋憲太郎, 『東京裁判への道』 上). 미국에서도 여러 의견이 있었지만 오스트레일리아, 뉴질랜드, 영국, 중국, 소련 등 연합국 중에는 천황의 전쟁 책임을 추궁하여 천황을 도쿄재판의 피고로 체포해야 한다는 의견까지 있었다.

한편 일본 국내에서는 천황의 전쟁 책임 문제를 어떻게 다루고 있었는가. 천황의 전쟁 책임 문제를 둘러싸고 천황과 그 주변에서 '퇴위'의 움직임이 네 차례 있었다는 것을 소개해 두자.

처음에는 패전 때였다. 이것은 「기도일기(木戸日記)」(木戸日記研究会編集校訂,『木戸幸一日記』) 중에 천황의 발언으로 알려져 있는 것이다. 전쟁 지도자들이 체포되는 가운데 천황이 "자신이 혼자 책임지고 퇴위라도 해서 수습할 수는 없는 것인가" 라고 기도 코이치(木戸幸一)에게 말했지만, 기도는 "민주적인 국가 구조(공화제) 등의 논리를 환기시킬 우려가 있으므로, 지금은 충분히 신중하게 상대방의 태도를 보고 생각할 필요가 있습니다" 라고 조언하고 있다.

45년 12월 10일 그 기도에게도 체포령이 내려졌다. 그때 기도는 천황과 만나서 장기적으로 볼 경우 천황의 퇴위가 절대적으로 필요하다고 하면서, "전쟁 책임은 국내와 국외 두 가지가 있지만, 국내에 대해서는 (천황에게도 책임이) 있습니다" 라고 말하고, 강화조약체결 시에는 천황이 황조황종과 국민에게 사죄하고 퇴위해야 한다고 양해를 얻고 있었다고 한다(吉田裕,『昭和天皇の終戦史』, 粟屋前掲書).

두 번째는 46년 5월 3일 도쿄재판이 개시되었을 때, 세 번째는 같은 해 11월 3일 헌법이 공포되었을 때에 천황 퇴위 문제에 대해서 여러 가지 의견이 나왔다. 그리고 네 번째는 51년 9월 8일 강화조약조인 때이다.

천황 퇴위에 의해 책임을 지는 방법은 어떤 의미에서는 일본의 자립성을 담보하는 결정적인 요인이었다. 그리고 이 네 가지 국면, 특히 앞의 세 가지 국면에서는 현실적으로 퇴위 문제가 상당히 구체적으로 고려되었다.

제1회, 제2회, 제3회에서 천황 퇴위에 의해 전쟁 책임을 지는 방법을 저지한 것은 맥아더를 중심으로 한 미국 측이다(粟屋前掲書, 東野真,『昭和天皇二つの「独白録」』 및 同解説粟屋·吉田裕).

'머리말'에서 서술한 바와 같이 하나의 정치체로서 자립한 모습을 보이는 것은 패전한 경우에는 패전 책임을 스스로 지는 것이며, 그것이 가장 근본적인 것이다. 천황의 전쟁 책임에 대해서 말하면 실행은 매우 어려운 것이지만, 적어도 점령기에는 그 의사가 있었음에도 불구하고 미국에 의해 저지되어 정치체로서의 자립성을 빼앗겼다고 할 수 있다.

천황의 인간선언

1946년 정월, 천황은 「인간선언」을 발표하고, 2월 19일 가나가와 현 가와사키 시(神奈川県川崎市)를 시작으로 오키나와를 제외한 전국 각지를 9년에 걸쳐 순행했다. 이 선언을 GHQ는 봉건적이고 전근대적인 천황제를 매우 근대화, 현대화시킨 것이라고 높이 평가하고 있다. 그러나 이것도 생각해 보면, 천황이 현신인(〔現御神=現つ神〕, 천황의 높임말. 이 세상에 모습을 나타낸 신이라는 뜻─역주)이라고 불리워진 존재 형태는 실은 전시체제에 만들어진 것이지, 메이지기나 다이쇼기에 현신인이라는 형태는 거의 존재하지 않았다. 이 「인간선언」도 5개조 서문을 강조하고 있는 것이라고 되어 있는데, 그것은 메이지 다이쇼기의

▶사진 2-6. 「인간선언」을 한 후, 각국 각지를 순행하는 쇼와 천황(1947년 6월. 고베(神戸), 『決定版 昭和史』 12).

천황제 형태를 서술하고 있는 것이다. 천황의 비신격화와 전쟁 책임 면제는 전쟁 중에는 주로 국민과 군부 사이에 쐐기를 박는다는 의도에서, 점령기에는 점령을 순조롭게 이행하기 위해, 그리고 미국 이외의 연합국으로부터 천황을 지킨다는 군사적·대외적인 고려에서 행해졌다는 것과 관련 있을 것이다(東野前揭書).

▶표 2-2. 천황의 인간선언(1946.1.1)

조서
이에 신년을 맞는다. 생각컨대 메이지 천황은 메이지 초 국시로서 5개조 서약문을 내리셨다. 말하기를, 하나. 널리 논의를 일으키고, 천하의 정치는 공론으로 결정해야 한다. 하나. 상하의 마음을 하나로 하고, 왕성하게 경륜을 펴야 한다. 하나. 관리와 무사에서 서민에 이르기까지 각기 그 뜻을 이루고, 사람의 마음을 게을리하지 말 것을 요한다. 하나. 예로부터의 나쁜 습관을 타파하고, 세상의 도리에 기초해야 한다. 하나. 지식을 세계에서 구하고, 크게 황국의 기틀을 떨쳐 일으켜야 한다. 짐의 생각은 공명정대하니, 또 무엇을 덧붙이겠는가? 짐은 이에 서약을 새롭게 하여 국운을 열어 가고 싶다. 당연히 이 취지에 맞추어, 예로부터의 나쁜 습관을 제거하고, 민의를 창달하며, 관민 모두 평화주의를 관철하고, 교양을 풍부히 하여 문화를 구축하여, 이로써 민생의 향상을 도모하고, 신일본을 건설해야 한다. 대소도시가 입은 전화(戰禍), 이재민의 고통, 산업의 정체, 식량의 부족, 실업자의 증가 추세 등은 실로 마음을 아프게 하는 것이다. 그렇더라도 우리 국민이 현재의 시련에 직면하여 철두철미하게 문명을 평화에서 구한다는 결의를 단단히 하여 그 결속을 온전히 한다면, 오로지 우리나라뿐만 아니라 전 인류를 위해 빛나는 앞날이 전개되리라는 것을 믿어 의심치 않는다. 당초 집을 사랑하는 마음과 나라를 사랑하는 마음은 우리나라에서는 특히 열렬했다. 바야흐로 실로 이 마음을 확충하여 인류애의 완성을 향해 헌신적인 노력을 다해야 할 때이다. 생각하기에 길게 계속된 전쟁이 패배로 끝난 결과, 우리 국민은 자칫하면 초조하고, 실의의 늪에 빠져들 경향이 있다. 과격한 풍조가 길어져 도의의 감정을 쇠퇴하게 하고, 그 때문에 사상 혼란의 징조가 있는 것은 실로 심히 우려할 만한 일이다. 그렇지만 짐은 너희들 신민과 함께 있으며, 언제나 이해를 함께 하며, 기쁨도 슬픔도 나누고자 한다. 짐과 너희 신민과의 사이의 끈은 언제나 상호의 신뢰와 경애에 의해 결합되었으며, 단순한 신화와 전설에 의해 생긴 것이 아니다.

천황을 현인신(現人神)이라 하고, 일본 국민을 다른 민족보다 우월한 민족이라 하고, 게다가 세계를 지배해야 하는 운명을 가졌다고 하는 가공할 만한 개념에 기초하고 있는 것도 아니다.

짐의 정부는 국민의 시련과 고난을 완화하기 위해 모든 시책과 운영에 모든 방법을 강구해야 한다. 동시에 짐은 우리 국민이 어려운 때에 궐기하고, 당면한 고통을 극복하기 위해, 또 산업과 학예의 진흥을 위해 용맹하게 전진하기를 바란다. 우리 국민이 그 공민생활에서 단결하여, 서로 모이고, 서로 돕고, 관용으로 서로 허락하는 기풍을 일으키게 된다면, 능히 지고(至高)의 전통에 부끄럽지 않은 진가를 발휘하게 될 것이다. 그와 같은 것은 실로 우리 국민이 인류의 복지와 향상을 위해 절대적인 공헌을 하게 되리라는 것을 의심하지 않는다.

일 년의 계획은 신년벽두에 있으며, 짐은 내가 신뢰하는 국민이 짐과 그 마음을 하나로 하여, 스스로 분발하고, 스스로 용기를 내어, 이 대업을 성취시키기를 마음으로부터 바란다.

御名御璽
쇼와 21년 1월 1일

『官報』号外, 一九四六年一月一日

공직추방과 군수산업의 금지

「인간선언」을 한 3일 후인 1월 4일 GHQ는 군국주의자의 공직추방, 27개의 초국가주의 단체의 해체를 지령했다. 이 지령도 개혁이든 아니든 상관없이 48년 5월까지 정계, 재계, 관계에서 언론계에 이르기까지 각계 지도자 21만 명이 공직에서 추방되었다.

이 가운데는 일본 정부에서 처음으로 점령비 부담의 감소를 주장한 대장대신 이시바시 탄잔(石橋湛山)과 하토야마 이치로(鳩山一郎)의 추방처럼 비군사화보다도 GHQ의 편의에 따라 행한 것도 있었다(增田弘, 『公職追放』). 추방된 이시바시, 하토야마, 히라노 리키조 등이 모두 자유주의파였다는 것은 GHQ의 뉴딜파적, 협동주의적 성격을 역으로 말하고 있을 것이다.

그리고 한 가지 더 비군사화 문제로서 많이 거론되는 것은 군수산업의 금지, 선박 보유의 제한이다. 그러나 점령당국의 지령에 의해 그것이 이행되었다는 것을 너무 과대평가하지 않는 것이 좋을 것이다. 즉 점령당국에게 명령을 받든 아니든, 전쟁이 패전으로 끝나든 승리로 끝나든 전반적인 군수산업화가 평시로 복귀한 것은 당연히 있었을 것이다. 단, 연합국인 미국, 프랑스 등에서는 이 '정상' 적인 복귀가 없이 전시 중의 군수산업 중심의 경제=군산관학 복합체(軍産官學複合體)가 계속되었다. 미·영 등 군국주의가 아닌 국가는 평상시로의 복귀가 완벽하게 이행되었다고 마루야마 마사오(丸山真男) 등은 말하고 있지만, 역사적 사실은 반드시 그렇지만은 않다.

전면적인 군수산업으로 전환한 형태로 패전을 맞이했기 때문에, 군수산업 자체를 스스로 처분하거나 또는 민수산업으로의 전환을 생각해야만 했다는 것이다. 물론 이 전환에는 시간이 걸리고, 한순간에 군수경제에서 민수경제로 전환하는 것은 어렵지만, 평시로의 복귀와 패전에 의한 군수산업의 민수산업으로의 전환이라는 문제는 불가결하고 불가피했던 것이다. 이상으로 비군사화정책에 대해서 서술했는데, 다음으로 무장해제의 소프트한 측면으로서 민주화정책에 대해서 검토해 보자.

4. 민주화정책의 여러 가지 양상

재벌 해체

GHQ는 재벌과 기생지주를 일본 경제의 후진성으로 보고, 그 후진성이 일본 제국주의의 온상이 되었기 때문에, 그것을 해체하는 것이 동시에 비군사화이며 경제민주화가 된다고 말하면서 '경제민주화' 정책에 착수했다. 그러나 재벌이 군국주의의 온상이라는 것은 자명한 것일까.

적어도 1920년대부터 40년대를 보면, 대재벌은 기본적으로 총력전체제에 대해서 상당히 소극적이었으며, 필자가 말하는 네 가지 정치 조류 안에서는 자유주의파에 속했다. 그렇기 때문에 신흥 재벌 이외의 구(舊)재벌은 반드시 일본 군국주의의 온상이라고 말할 수 없는 것은 아닐까. 적어도 정치 세력에서 보면 그것은 확실하게 말할 수 있다.

1945년 11월 6일 GHQ는 미쓰이(三井), 미쓰비시(三菱), 스미토모(住友) 등 15개 재벌의 자산동결과 해체를 명령했다. 다음 해 46년 8

월 9일에는 주식회사 정리 위원회가 성립되어, 재벌 가족이나 주식회사가 소유하고 있던 주식을 양도받아 이것을 일반에게 팔아넘겼다. 이에 따라 주식을 소유한 재벌의 산하기업 지배가 일소되었다. 이것이 '재벌 해체'이다.

▶사진 2-7. 일본은행의 지하 금고에서 재벌해체위원회로 이양되는 미쓰이 그룹의 증권류(1946년 10월 8일. 「図説 アメリカ軍が撮影した占領下の日本」).

그리고 다음 해 47년 4월 14일에 공포된 독점금지법에 의해 주식회사, 즉 이전의 기업합동 같은 것이 금지되었으며, 같은 해 12월 18일에는 과도경제력 집중배제법에 의해 거대 독점기업의 분할이 이루어졌다. 단, 48년 5월 4일에는 미국에서 집중배제 심사위원회 멤버가 일본에 도착하면서 적용이 완화되어, 당초 지정된 325개사가 마지막에는 11개만 남았다.

이러한 일련의 사태는 독점화의 진행과 중산층 강화의 혼합으로서 독점금지법을 시행하고 있던 미국의 사고를 일본에 적용하고자 했기 때문에, 반드시 군국주의의 온상을 해체할 것인가 아닌가라는 문제와는 다르다고 생각하는 것이 맞지 않을까. 차라리 유럽에서의 독점금지법 문제, 독점금지법 사태와 대조하면서 생각해야 할 것이다.

농지 개혁

　경제개혁 중에서 민주화라고 일컫는 다른 하나의 축은 농지 개혁
이다. 45년 12월 29일에 공포된 농지조정법 개정에서부터 제1차 농지
개혁이 시작되었다. 농민층의 궁핍이 일본 대외 침략의 중요한 동기
가 되었다고 일컬어져, 지주제를 제거하고 안정된 자작농 경영을 대량
으로 만드는 것이 좋을 것이라는 생각에서 이행된 개혁이었다.
　그러나 이 농민층의 궁핍이 일본 대외 침략의 중요한 동기가 되
었다는 것이 그렇게 자명한가 하는 것도 생각해 볼 필요가 있다. 46년
에 일본 정부는 제1차 농지개혁안을 자주적으로 결정했지만, 이 제1

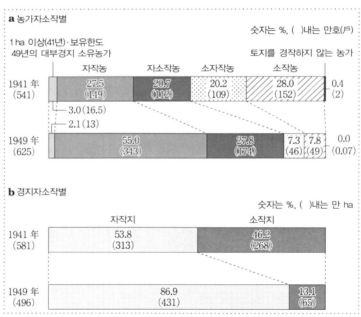

▶그림 2-8. 농지 개혁에 의한 변화(暉峻衆三, 『日本農業問題の展開』下卷, 東京大學出版社, 1984
年, 467~470쪽을 참조하여 작성).

차 농지개혁안을 만든 것은 네 가지 정치조류론에서 말하면 국방국가 파이자 일본의 전시체제에서 총력전체제를 추진한 파였다. 그중 가장 상징적인 인물은 기획원관료 와다 히로오(和田博雄)이다(제1장 24쪽 참조).

　　이것은 총동원체제 그 자체 또한 농지 개혁을 요구했다는 측면이 있었음을 의미한다. 즉 총력전체제가 소유자로서의 지주제보다 실제로 경영과 생산을 담당한 소작농민을 포함한 생산자에 의존할 수밖에 없는 시스템이었기 때문이다. 총동원체제의 귀결로서 농지 개혁이 존재했다고 할 수 있지 않을까.

　　그러나 제1차 농지 개혁은 철저하지 못했다고 평가받았으며, 46년 10월 21일 농지조정법 개정, 자작농창설 특별조치법 공포에 의해 제2차 농지 개혁이 행해졌다. 이것도 1920년대까지의 농민운동과 총동원체제에서 식량관리제도 등에 의해 지주제가 약화되는 연장선상에서 내부 자발적으로 발생되었을 것이라는 점은 충분히 생각할 수 있다.

　　더욱이 패전에 의해 해외 식민지가 없어졌기 때문에, 패전 자체만으로도 국내의 식량 생산 문제를 생각해야만 했다. 농지 개혁의 내발적인 필연성은 한층 더 높아질 수밖에 없었을 것이다. 따라서 농지 개혁도 단순히 일본 정부와 점령당국의 의견 일치로 만들어진 것은 아니다.

노동조합법 제정

　민주화 문제로서는 하나 더 노동조합, 노동정책에서 노동조합법 문제가 있다. 이미 1920년대에 내무성 사회국 안에 상당한 정도의 노동조합법이 성숙한 형태로 만들어져 있었지만, 재계 주류, 기성정당 주류, 관료의 주류파에 의해 농지법도 노동조합법도 실제로는 엉망이

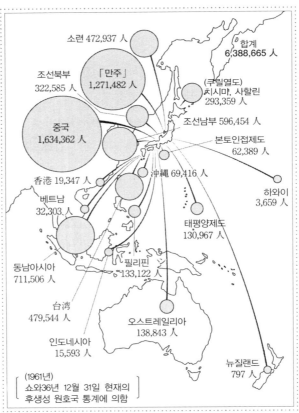

소련 472,937 人

합계
6,388,665 人

조선북부
322,585 人

「만주」
1,271,482 人

(쿠릴열도)
치시마, 사할린
293,359 人

중국
1,634,362 人

조선남부 596,454 人

본토인접제도
62,389 人

香港 19,347 人

沖繩 69,416 人

베트남
32,303 人

하와이
3,659 人

태평양제도
130,967 人

동남아시아
711,506 人

필리핀
133,122 人

台湾
479,544 人

오스트레일리아
138,843 人

인도네시아
15,593 人

뉴질랜드
797 人

[(1961년)
쇼와36년 12월 31일 현재의
후생성 원호국 통계에 의함]

▶그림 2-9. 해외로부터 돌아오는 귀환자의 지역별 분포(민간인 포함, 大江志乃夫,『戦後変革』〈日本の歴史31〉, 小学館, 1976年, 57쪽에서).

었다. 그러나 20년대, 30년대의
민간경제에서 총동원체제라는
군수경제로 전환하는 과정에서
노동 조건의 개선 등이 상당히
진행되었으며, 20년대에 재계
주류와 기성정당 주류에 의해
거부된 노동 조건의 개선이 총
동원체제를 진행시키기 위해서
였지만 실제로 상당히 진행되
고 있었다(雨宮, 『戰時戰後体制
論』第七章).

▶사진 2-10. 귀국을 앞두고 소지품 검사를 받는 병대들(부
산에서. 『決定版 昭和史』 13).

　　이렇게 1920년대 이래 노
동법이 준비되어 있었다는 것,
그리고 총동원체제 안에서 노동자의 지위가 향상되어 있었다는 것과
함께 패전에 의해 새롭게 국내 시장을 키워야 했다는 점이 노동조합법
을 제정하도록 재촉했던 것이다.

　　GHQ에서는, 일본은 저임금 구조에 의한 덤핑으로 국내 시장이
협소하고, 더구나 비정상적으로 저임금이기 때문에 국내 수요가 환기
되지 못해서 해외 침략으로 향했다는 논의가 이루어졌는데, 총동원체
제 안에서 평준화(상층과 하층의 평등화와 지역적인 다양성의 균질화)의 문제
등과 함께 생각해 보면, 이 논의는 반드시 맞지는 않는다. 적어도 평등
화와 평준화 자체는, 전쟁이 끝난 경우에는 새로운 소비 구조, 국내 시
장이 국내 소비를 낳는다는 가능성의 조건이 될 수 있다.

　　이기든 지든 총동원체제에서 평준화는 소비 구조를 확실하게 변화시키는 사회적 조건이 될 수 있다는 것, 그리고 패전에 의해 이미 식민지는 존재하지 않는다는 사태 속에서 좋든 싫든 국내 소비를 어떻게 만들 것인가 하는 문제로 향할 수밖에 없게 된다. 따라서 노동조합법 제정, 전후 노동정책이 GHQ의 점령과 개혁만으로 실행되었다고 말할 수 없는 것은 아닐까.

다음 제3장에서는 헌법 문제를 생각한다. 그리고 제4장에서는 정당 세력의 움직임, 즉 1944년, 45년, 46년 시기에 정치적인 지도자와 사회적인 지도자가 어떻게 행동했는가에 대해서 대략적으로 검토해 보고자 한다. 종래에는 정당 지도자들, 좌익정당도 포함한 지도자들이 점령정책을 기점으로 해서 정당 만들기를 실행했다고 말하고 있지만, 과연 그러한가에 대해 별로 알려지지 않은 사실을 소개하면서 생각해 보고자 한다. 즉 점령이 없어도 민주화는 진행되었는가 아닌가를 주체의 측면에서부터 보려는 것이다.

제3장 신헌법의 형성

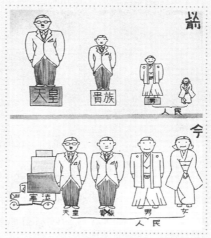

GHQ가 작성한 신헌법계몽 포스터(부분). 법 아래 평등(제14조)을 알기 쉽게 그렸다.

1. 헌법 개정을 둘러싸고

고노에 후미마로와 맥아더

헌법 개정에 대해서는 마스미 준노스케(升味準之輔)의『戰後政治』上, 후쿠나가 후미오(福永文夫)의『戰後日本の再生』(앞의 책), 다케마에 에이지(竹前栄治)의『占領戰後史』(앞의 책), 고세키 쇼이치(古関彰一)의『新憲法の誕生』, 하라 히데시게(原秀成)의『日本国憲法制定の系譜』I · II · III 등 상세한 연구가 축적되어 왔다. 여기서는 주로 그 경과에 대해 마스미(升味)의『戰後政治』上, 후쿠나가(福永)의『戰後日本の再生』에 의거해서 서술하겠다.

헌법 개정 문제가 최초로 정치의 무대 밖에 등장한 것은 1945(쇼와 20)년 10월 4일경이다. 그것은 전후 최초의 내각이었던 히가시쿠니노미야 내각 말기에 히가시쿠니노미야 내각의 부총리격인 고노에 후미마로(近衛文麿)와 맥아더의 회견이 있었을 때이다. 그 회견은 서덜랜드(Sutherland) 참모장과 애치슨(Dean Gooderham Acheson) 정치고문(미국 국무성에서 맥아더의 감시역으로 따라온 인물)이 동석하여 행해졌는데, 거기에서 고노에가 어떤 말을 했는지를 조금 소개해 두자.

고노에는 먼저 제2차 세계대전에서 일본이 '파국' 한 것에 대해 다음과 같이 말하고 있다(外務省の記録, 「近衛国務相「マックアーサー」元帥会談録」).

> 군벌과 극단적인 국가주의자가 세계 평화를 깨트리고, 일본을 오늘날의 파국에 빠트린 것에 대해서는 한 점의 의심도 없다. 문제는 황실을 중심으로 한 봉건적 세력과 재벌이 이행한 역할 및 그 공적이다. 이 점에 대해서 미국에서는 상당히 관찰의 오해가 있는 것은 아닌가 생각한다. 즉 미국에서는 그들이 군국주의자와 결탁해서 오늘날의 사태를 초래했다고 보는 것은 아닌가 생각한다. 그러나 사실은 그 정반대이며, 그들은 항상 군벌 세력의 향상을 억제하는 '브레이크' 역할을 했다. (중략) 일본을 오늘날의 파국으로 빠트린 것은 군벌 세력과 좌익 세력의 결합이었다. 오늘날의 파국은 군벌에게는 확실히 큰 실망이었지만 좌익 세력에게는 완전히 그들이 예상한 바이다. 오늘날의 사태에 대해서 만약 군벌 및 국가주의적 세력과 함께 봉건적 세력 및 재벌 등 기존의 세력을 일거에 제거하려고 하면, 일본은 매우 쉽게 적화될 것이다. 일본의 적화를 방지하고 건설적인 '민주주의' 국가를 만들기 위해서는 군벌적 세력의 배제가 필요한 것은 물론이지만, 한편으로는 봉건적 세력 및 재벌을 존재하게 하여 한발 한발 점진적인 방법으로 '민주주의' 건설로 나아가게 해야 한다.

그리고 고노에는, 그 '군벌' 을 구성하는 '직업적 사관 출신' 이 "대부분은 농촌의 중류 이하의 가정에 속해" 있어서, "원래 지주 계급 및 자본가 계급에 반감을 가지고 있고…… 사회적 불합리에 대해

▶사진 3-1. 고노에 후미마로(1891~1945년)가 자결하기 약 3주 전인 11월 25일 자택에서 촬영된 것(『昭和 二万日の全記録』 7).

통분을 느끼고 있다"고 말했다. 즉 농지개혁, 재벌 해체를 향한 방향성과 에너지를 총력전체제 시대로 보고 있는 것이다. 고노에의 이 발언은 제1장에서 소개한 45년 2월 고노에 상주문의 논지를 그대로 계승한 것임을 알 수 있다. 고노에는 자유주의파와 반동파가 마치 반총력전체제처럼 존재해서, 국방국가파와 사회국민주의파에 의한 사회개혁을 억제했다고 말하고 있는 것이다.

그리고 매우 흥미로운 점인데, 제1장에서 서술한 바와 같이 점령개혁에는 자유주의적 개혁보다는 사회민주주의적 개혁에 가까운 점이 있었다. 생존권과 노동권 문제라든가, 여러 형태의 평등화정책은 기본적으로 자유주의적 개혁보다는 사회민주주의적 개혁이었다.

점령개혁이 사회민주주의적 개혁이었다는 것은 독일의 전후개혁과도 공통되는 점이다. 오타케 히데오(大嶽秀夫)는 독일 사회학자 R. 다렌도르프(Ralf Dahrendorf)에 의한 독일 전후개혁의 내용을, 소유와 경영의 분리, 사회 이동의 격화, 법 앞에서의 평등과 여성 노동 등의 실질적인 평등화, 노동운동 등의 체제 내화(內化), 경제활동에 대한 정부의 개입, 소득재분배정책 등이라고 소개하고 있다(大嶽秀夫, 『アデナウアーと吉田茂』).

이러한 개혁은 사실 점령개혁에서 제기된 문제라기보다는 이제까지 서술한 바와 같이 총동원체제 시대에 사회국민주의파와 국방국가파가 상당한 정도로 그 방향을 추구하고 있었다는 것이다. 따라서 매우 기묘하게 생각할지도 모르지만, 점령군의 뉴딜파를 중심으로 한 점령개혁과 총력전체제가 실은 같은 방향을 향하고 있는 정책이었다는 것을 알 수 있다.

헌법조사에 착수

여기에서 10월 4일 고노에와 맥아더의 회견 이야기로 돌아가면, 앞에서와 같은 발언을 전제로 고노에는 "정부의 조직 및 의회의 구성에 대해 무언가 의견이나 지시가 있다면 삼가 듣겠습니다"라고 맥아더에게 말했고, 맥아더는 그에 대해서 "(의연한 어조로) 첫째, 헌법은 개정을 요한다. 개정해서 자유주의적인 요소를 충분히 도입해야 한다. 둘째, 의회는 반동적이다. 의회를 해산하더라도 현재의 선거법 아래서는 ……같은 '유형'의 인간이 나올 것이다. 그것을 피하기 위해서는 선거권을 확장해야 한다. 그러기 위해서는 첫째, 가정. 부인참정권을 인정할 것, 둘째, 노무. 물건을 생산하는 노동자의 권리를 인정할 것"이라고 말했다.

그리고 맥아더는 고노에에 대해서 "공은 소위 봉건적 세력 출신이지만, '코스모폴리탄(세계주의자)'으로 세계의 사정에도 밝다. 또한 공은 아직 젊고, 과감해서 지도의 진두에 설 수 있다. 만약 공이 요즘의 자유주의적 분자를 규합해서 헌법 개정에 관한 제안을 천하에 공표할 수 있다면, 의회도 그것을 따라올 것이라고 생각한다"고 답하고 있

다(「近衛国務相,「マックアーサー」元帥会談録」前掲).

　　10월 8일 고노에는 다카기 야사카(高木八尺), 마쓰모토 시게하루(松本重治), 우시바 토모히코(牛場友彦) 세 명과 함께 GHQ의 애치슨 정치고문을 방문하여 헌법 개정에 대해 의견을 구하고, 소위 애치슨 12항목에 대한 설명을 들었다. 그 내용은 다음과 같다.

　　1. 중의원의 권위, 특히 예산에 대한 권위의 중대
　　2. 귀족원의 거부권 철회
　　3. 의회책임원리의 확립
　　4. 귀족원의 민주화
　　5. 천황의 거부권 폐지
　　6. 천황의 칙유, 칙명에 의한 입법권의 소멸
　　7. 유효한 권리장전의 규정
　　8. 독립된 사법부의 설치
　　9. 관리의 탄핵 및 해산 요구 규정
　　10. 군의 정치에 대한 영향 말살
　　11. 추밀원의 폐지
　　12. 국민 발안(發案) 및 일반 투표에 의한 헌법 개정의 규정

　　이 헌법 개정은 GHQ만의 방침이 아니라 미국 정부의 의향이기도 했다(高柳賢三ほか編著, 『日本国憲法制定の過程Ⅱ解説』). 동석한 다카기는 "가혹한 요구가 어떤 것도 포함되어 있지 않다는 것을 알고 나는 매우 기쁘게 생각했습니다"라고 후에 회고했다(小西豊治, 『憲法「押しつけ」論の幻』).

　　이때부터 고노에는 맥아더로부터 헌법을 만들도록 의뢰받았다

고 의식하면서 행동하게 되었다. 그리고 다양한 형태로 내각에도 손을 썼다. 그러나 이 직전인 10월 5일에 히가시쿠니노미야 내각이 총사직하고, 시데하라 키주로 내각이 성립되었다. 시데하라는 헌법 개정에는 매우 소극적이었다. 이에 당시 내대신 기도 코이치는 고노에를 중심으로 하여 헌법조사를 진행한다는 것에 시데하라의 동의를 얻어, 10월 11일 고노에를 내대신 보좌관에 임명했다.

10월 9일의 『기도 코이치 일기(木戶幸一日記)』 중에 다음과 같은 기사가 있다.

> 각료친임식까지 헌법 개정 문제에 대해 시데하라 남작과 협의한다. 남작은 이 문제에 대해서는 매우 소극적이기 때문에 운용 경과에 따라 목적을 달성할 수 있다고 생각한다. 위에 대해서는 나 또한 동의하지만, 단 미국은 이 설명으로 만족하지 않고, 그는 여차하면 자기 손으로 일본헌법을 자유주의화하겠다는 정치적 의도를 가지고 있기 때문에 결국 개정을 강요해야 한다고 말했다. 남작은 위에 대해서 무력으로 대적할 수 없다면, 그 경우 이것을 기록에 남기고 굴복할 수밖에는 없다고 논했다. 그리고 이것은 헌법이 흠정이라는 점에서 보면 좋지 않은 문제가 되기 때문에 충분히 다시 고려하기를 희망한다.

'무력'의 강제하에서는 '굴복'을 명확하게 선택해서 장래에 대비한다는 시데하라의 자세가 주목된다. 그리고 천황의 동의 나아가 시데하라의 동의를 얻고 고노에를 중심으로 하여 헌법조사를 한다는 것이 정해졌다. 그러나 내각에서 마쓰모토 조지(松本烝治) 국무대신과 아시다 히토시(芦田均) 후생대신 등 매우 강하게 반대하는 각료가 나왔다. 그들은 헌법조사는 가장 중요한 국무이기 때문에 내대신부

즉 궁중에서 실행하는 것이 아니라, 국무이기 때문에 내각에서 실행해야 한다고 주장하며 반대했다. 이에 대해 기도는 두 곳에서 해야 한다고 말하여 내각과 궁중 두 곳에서 하기로 하였다. 이러한 개헌에 관한 일련의 움직임은 일본 정부의 자주적인 것이었으며, 미국 정부로부터의 특별한 지령은 없었다(原前揭書Ⅲ).

고노에에서 마쓰모토위원회로

10월 11일, 제2장에서도 서술한 바와 같이 헌법 개정을 포함한 5대개혁 지령이 내려졌다. 그리고 13일에 내각이 헌법조사에 착수한다는 것이 승인되어 마쓰모토 국무대신이 그 중심이 되었다.

이렇게 고노에와 내각이 따로 헌법조사를 실행하게 되었는데, 여기에서 흥미로운 것은 고노에가 10월 21일에 AP통신의 도쿄 특파원에게 한 담화 내용이다. 거기에서 고노에는 천황의 퇴위에 대해서도 다음과 같이 언급하고 있다.

▶ 사진 3-2. 마쓰모토 조지(1877~1954년). 요시다 시게루의 요청으로 제1차 요시다 내각에 국무대신으로 취임. 전 도쿄대 교수.

원수는 회견 처음에 일본헌법을 자유주의화할 필요가 있다고 확실하게 말하고, 나에게 그 운동을 선도해 줄 것을 시사했다. 나는 헌법 개정은 천황폐하의 의견에 의해서만 실행할 수 있다고 답하고, 원수의 의지를 폐하에게 전하겠다고 약속했다. 그리고 이것을 보고하자 폐하는 나에게 헌법 개정에 착수하라고 명령하시어, 나는 내대신 보좌관을 명 받았다.

개정초안은 11월 중에 완성하려고 생각하고 있다. 미군 당국에게는 수시로 상세하게 보고할 것이다. (중략) 천황 퇴위에 관한 규정은 현행의 황실전범에는 포함되어 있지 않다. (중략) 헌법 개정을 담당할 전문가는 곧 개정 황실전범에 퇴위 수속에 관한 조항을 삽입할 가능성을 검토하게 될 것이다(〈朝日新聞〉, 一九四五年一〇月二三日).

이 중에 '퇴위 수속에 관한 조항' 을 운운하는 것은 후에 문제가 되었는데, 고노에는 "퇴위 문제에 대해서는 질문이 있었기 때문에 그것에 대답했다"고 해명했다. 이후 고노에에 대한 내외 여론, 예를 들면 10월 26일 〈뉴욕타임즈〉, 10월 31일 〈뉴욕헤럴드 트리뷴〉 등에서 원래 전범이어야 할 인물이 왜 헌법을 조사하는가라고 비난하였으며, 나아가 그를 등용한 맥아더까지 비판했다(袖井林二郎, 『マッカーサーの二千日』).

국내에서도 고노에에 대한 여러 가지 형태의 비판이 일어나, 결국 GHQ는 "고노에에게 부탁한 기억이 없다" 라든가 "고노에의 착각이었다" 라고 말하여 고노에를 배제하게 되었다.

한편, 이 사이 전범 용의자의 체포가 진행되었는데, 12월 16일에 고노에가 자살해 버렸다. 이 시점에서 고노에의 전범 문제 가능성은 있었을까. 고노에는 패전 1, 2년 전부터 명확하게 반도조 편에서 화평파(반총력전체제파)로서 행동했지만, 점령군 측은 특히 '지나사변(支那事変)' (중일전쟁)의 확대와 대정익찬회의 형성이라는 총력전체제 형성 과정에서 고노에의 역할을 문제 삼았기 때문에 전범의 가능성은 크게 있었다고 할 수 있다.

고노에의 전범 문제는 전쟁 책임을 어떻게 생각할 것인가라는 문제였다. 이 문제에는 단기적으로 구체적인 행위의 문제와 시스템 형성에 어떻게 역할을 했는가라는 두 가지 측면이 있으며, 고노에에 관해서 점령군은 후자를 상당히 문제시했다. 확실히 자유주의파와 반동파는 스스로의 기득권을 흔드는 총력전체제 형성에는 반대하였으며, 전쟁 말기에는 화평파로서 최대한 전쟁에 소극적이었다. 그러나 1920~30년대에 노동자, 농민, 여성 등에 관한 사회문제 해결의 통로를 폐쇄함으로서 총력전체제를 향해 에너지를 준비한 자유주의파와 30년대에 반정당정치를 주장하면서 테러나 쿠데타를 일으킨 황도파나 관념적 우익 등의 반동파는 전쟁체제 형성에 큰 책임이 있었다(雨宮昭一,『近代日本の戦争指導』).

고노에의 자살에 의해 헌법 문제 조사는 고노에에서 마쓰모토위원회로 이관되었다. 10월 25일 마쓰모토 국무대신을 중심으로 정부의 헌법문제 조사위원회(마쓰모토위원회)가 발족되었다. 12월 8일 마쓰모토 국무대신은 의회에서 사건을 배제한 상태에서 헌법 개정에 대한 다음과 같은 마쓰모토 4원칙을 설명했다. ① 천황의 통치대권을 변경하지 않는다, ② 의회의 권한 확대, ③ 책임내각제의 확립, ④ 인민의 자유와 권리의 강화이다. 그리고 다음 해 46년 1월 헌법 개정사안(마쓰모토사안)이 작성되었다.

2. 미국 정부와 GHQ

미국 정부의 헌법 개정 방침

한편, 미국의 국무·육·해군 삼성위원회(SWNCC)도 같은 시기에 헌법 개정 방침을 검토하고 있었다. 그 방침에 대해서는 45년 12월 13일자로 애치슨 고문이 맥아더와 참모장 앞으로 보낸 각서에 의해 알 수 있다. 방침의 첫 번째는, 민주책임정부를 확립하기 위해서 천황대권을 규정한 메이지 헌법 제1, 제2, 제4조를 삭제할 것, 두 번째는 내무성의 권한을 삭감하고, 지사를 공선으로 한다는 것이었다.

이것은 반드시 군대를 부정하고 있는 것은 아니며, 영국형 민주주의를 중심으로 한 시스템을 말하고 있던 10월 16일자의 국무성 전보에 두 가지를 첨가한 것이다. 여기에서 애치슨 고문이 강조하고 있는 것은, 앞에 기술한 모든 개혁이 연합국에 의해 강요받았던 것을 일본 국민이 안다면, 일본 국민이 장래에도 그것들을 받아들이고 지지할 가능성이 실질적으로 약해지기 때문에, 일본 정부에 모든 개혁을 실시하도록 명령하는 것은 최후의 수단이지, 가능한 그렇게 하지 않는 편이 좋다는 것이었다(千昧前掲書, 同『日本政治史』4). 즉 가능하다면 마쓰모토위원회가 SWNCC의 헌법 개정 방침을 채용할 것을 기대한다는 것이 된다.

46년 1월 7일자로「일본통치체제의 개혁」이라는 문서가 미국 정부에서 GHQ에 전달되었다. 점령개혁의 방침은 이제까지와 같지만, 천황제의 존폐에 대해서는 포츠담선언 때와 같이, 여전히 '일본국 국민이 자유롭게 표명한 의사'에 의한다는 방침이었다.

그러나 1월 말에 움직이기 시작한 극동자문위원회가 헌법 개정 문제에 간섭하기 시작하여, GHQ는 일본 정부에 개정안 제출을 재촉하게 되었다.

휘트니 각서

2월 1일, 〈마이니치신문(毎日新聞)〉이 헌법 개정안(사실은 미야자와 토시요시안, 宮沢俊義案)을 마쓰모토위원회안으로 해서 특종기사화 했다. GHQ 민정국장 휘트니(Courtney Whitney)는 이 마쓰모토위원회 시안을 보고 "매우 보수적인 성격을 가졌으며, 천황의 지위에 대해서 실질적으로 변경을 더하지 않았습니다. 천황은 통치권을 모두 보유하고 있습니다. ……저는 헌법 개정안이 정식으로 제출되기 전에 그들에게 지침을 주는 편이…… 전술로서 훌륭하다고 생각했습니다." (「最高司令官のための覚え書き」高林前掲書 I)라고 언급하고, 예상 이상으로 보수적이기 때문에 수용하기 어렵다고 판단했다.

그러나 이 '시안'은 "매우 보수적인 성격의 것"이었을까.

'시안'에서는 일본은 군주국이며, "헌법조규에 의해 통치권을 행사한다"(제1, 제2조)고 규정하고 있다. 입법권에 대해서는 '의회의 협찬'(제5조)에 의할 것, 천황의 '명령'은 법률의 제한 내에 있을 것(제9조), 그 '명령' '칙령' 등은 의회의 신임하에 있으며(제55조 제3항), "국무대신의 부서를 요한다"(같은 조항 제2항)고 되어 있으며,

▶사진 3-3. 휘트니(1897~1969년) GHQ 민정국장. 일본국 헌법 GHQ 초안의 기초 책임자.

통수권·군비편성권의 삭제를 포함하고 있다. 통치권의 보유라고 하지만, 통수권 등을 갖지 않고 의회 ─ 법률에 제한되어 있었던 것이다. 그리고 기본적 인권에 대해서는, 예를 들면 "일본 신민은 언론, 저자, 간행, 집회 및 결사의 자유를 갖는다. 공공의 안정을 유지하기 위해 필요한 제한은 법률이 정하는 바에 따른다"(제29조)와 같이 되어 있고, 대일본제국헌법과 달리 그 제한은 명확한 법률에 기반한다는 등의 조항도 있었다(「憲法問題調査委員会試案」, 高柳前掲書)

이 안에 대해서는 다이쇼 데모크라시의 영향을 받아 작성된 안이었다는 것을 마쓰오 타카요시(松尾尊兌)나 미타니 타이치로(三谷太一郎)가 예리하게 지적하고 있다(『戦後史大事典』, 三谷太一郎, 『近代日本の戦争と政治』). 그러나 이 안은 여러 대권의 삭제나 법치주의 등을 내용으로 한 것이었기 때문에 다이쇼 데모크라시 시대의 천황기관설이나 인권규정을 넘어서는 내용이었다. 그리고 민주주의국이라고 일컫는 영국, 벨기에, 스웨덴 등 군주국의 현 헌법과 비교해도 결코 보수적이

지 않다. 그렇기 때문에 '매우 보수적'이라는 휘트니의 평가는 일반적이지 않다. 결국 마쓰모토 시안에 대한 이러한 부정적인 평가를 바탕으로 GHQ 스스로가 개정안을 만들게 되었다.

2월 1일 휘트니는 맥아더 앞으로 보내는 각서(高柳前揭書)에 다음과 같이 언급하고 있다.

> 나의 의견은 다음과 같다.
> ⓐ 현재 각하는 일본의 헌법 구조에 대해 각하가 적당하다고 생각하는 변혁을 실현하기 위해서 어떠한 조치도 취할 수 있다는 무제약의 권한을 가지고 있다. 제약이 있다면 그것은 천황을 퇴위시키는 방향의 조치에 대한 것뿐이며, 이 경우에는 통합참모본부와 협의할 필요가 있다.
> ⓑ 극동위원회가 헌법의 개혁에 관한 정책지령을 내렸을 경우에, 헌법을 개혁해야 한다는 지령(명령)을 일본 정부에 내리는 것에 대해 대일이사회의 일원이 반대하면 불가능하다. 대일이사회의 일원의 반대가 있으면 각하의 결정은 구속력을 갖지 못하게 되는 것이다.

즉 휘트니는 2월 하순에 극동자문위원회를 계승한 극동위원회가 활동을 개시하기 전이라면, 맥아더에게 모든 권력이 있고, 게다가 극동위원회는 소련이나 오스트레일리아도 포함해서 천황에 대해 매우 엄격한 주장을 하는 사람이 많기 때문에 극동위원회가 간섭을 시작하기 전에 헌법을 만들어야 한다고 보았다. 그러나 맥아더가 모든 권력을 가지고 있다고 해서 일본 정부에 공공연하게 명령하는 것은 바람직하지 않기 때문에, GHQ에서 비밀리에 초안을 만들자고 생각했던 것이다. 물론 헌법 초안이 민정국 이외에 황실 재산 등의 처리에 수반하는 제도 개혁에 관계하는 경제과학국(ESS)에서도 검토되고 있었다는 것은 아마가와 아키라(天川晃), 김관정(金官正) 등에 의해 지적되고 있다.

극비의 기초 작업

이미 서술한 바와 같이, GHQ 안에서 마쓰모토위원회안에 대한 평가는 좋지 않았다. 이에 GHQ는, GHQ가 수용하기 어려운 안을 마쓰모토위원회가 결정해서 정식으로 제출하기 전에 지침을 내리려고 생각했다.

사전에 방침을 지시한다고 해도 극동위원회가 발족한 후에는 상당히 과격한 헌법 개정 요구가 나올 것이기 때문에, GHQ 자체가 모델 헌법안을 작성해서 그것을 기반으로 시급하게 일본정부안을 만들게 하자는 방침으로 가닥을 잡아 갔다. 게다가 시급함을 요한다는 것은 극동위원회에 대한 대응과 함께, 2개월 후로 다가온 헌법 개정안에 대한 실질상의 국민투표가 될 가능성이 있는 총선거에 대해 대응하는 것이라는 점도 있었다.

휘트니는 민정국 안에서 헌법 초안 만들기에 전념했다. 이것이 '밀실의 9일간'이라고 일컫는 날들이다. 민정국은 입법권, 행정권, 인권, 사법권, 지방행정, 재정, 천황·조약·수권(授權) 등의 규정에 관한 소위원회, 거기에 통역, 비서 등을 포함시켜 전부 9개 부국 28명 정도의 체제이다(福永前揭書, 高柳前揭書). 휘트니는 이들 멤버에 대해 2월 4일 민정국 회의 첫머리에서 다음과 같이 언급했다.

이제부터 일주일간 민정국은 헌법 제정 의회의 역할을 할 것이다. 맥아더 장군은 일본 국민을 위해 새로운 헌법을 기초한다는 역사적 의의가 있는 일을 민정국에 위탁했다. 민정국의 초안 기본은 맥아더 장군이 약술한 삼원칙이어야 한다. 즉 ① 천황은 국가 원수의 지위가 있으며, 황위는 세습된다. 그러나 천황의 권한은 헌법에 기반하여 행사되고, 헌법에 명시된 국민의 의사에 응하는 것으로 한다. ② 국권의 발동인 전쟁은 폐지한다. 분쟁의 해결을 위한 수단, 일본의 안전을 보호하기 위한 수단으로서 전쟁에 호소하는 것은 용납할 수 없다. 군대는 일절 인정하지 않으며, 교전권이 일본군에 주어지는 일도 없다. 일본은 그 방위를 현재 세계에서 널리 행해지고 있는 숭고한 이상에 의존해야 한다. ③ 일본의 봉건적 제도는 종말을 고한다. 귀족의 권리는 황족을 제외하고 현재 생존하는 1대 이상에는 미치지 않는다. 화족의 지위는 이후 어떠한 국민적 또는 시민적인 정치 권력도 수반하지 않는다(「一九四六年二月四日の民政局の会合の要録」, 高柳前掲書)

이어 헌법제정안에 대해서 다음과 같은 기술이 있었다는 것에 주목하고자 한다.

그리고 휘트니 장군은 다음과 같이 말했다. 2월 12일까지 민정국의 신헌법 초안이 완성되어 맥아더 장군의 승인을 받을 것을 희망한다. 2월 12일에 본인은 일본의 외무대신 그 외의 담당관과 일본 측의 헌법 초안에 대해 비공식적인 회합을 갖기로 되어 있다. 이 일본 측 초안은 우익적(=보수적) 경향이 강할 것이라고 생각된다. 그러나 본인은 외무대신(요시다 시게루)과 그 그룹에게, 천황을 지키고 또 그들 자신의 권력으로 남아 있는 것을 유지하기 위한 유일한 방법은 확실하게 좌편향의(=진보적인) 길을 취하도록 요구하는 헌법을 수용하고, 이것을 인정하는 것이

라고 납득시킬 작정이다. 본인은 설득을 통해 이러한 결론에 도달하고
자 희망하지만, 설득의 방법이 불가능할 때에는 힘을 사용한다고 해서
위협하는 것만이 아니라 힘을 사용하는 것 자체의 수권을 맥아더 장군
으로부터 얻고 있다. 외무대신과 그 그룹이 그들의 헌법안 방침을 바꾸
어 자유주의적인 헌법을 제정해야 한다는 우리들의 바람을 충족시키게
하는 것이 우리들의 목표이다. 이것이 이루어졌을 때에는 완성된 문서
가 일본 측에서 맥아더 장군에게 그 승인을 구하고자 제출될 것이다. 맥
아더 장군은 이 헌법을 일본인이 작성한 것으로 인정하고 일본인이 만
든 것으로서 전 세계에 공표할 것이다(高柳前揭書).

3. GHQ의 헌법 초안

GHQ 초안의 제시

46년 2월 4일부터 주야로 극비의 기초 작업이 진행되었다. 같은 달 12일(바로 '밀실의 9일간') 모델 초안이 완성되어 13일 아침에 외무대신 요시다 시게루, 국무대신 마쓰모토 조지(松本烝治), 종전연락사무

▶사진 3-4. 케디스(1906~1996년) GHQ 민정국의 실질적인 중심 인물.

국차장 시라스 지로(白洲次郎) 등 일본 측과 휘트니 국장 등 민정국의 토론이 회합 석상에서 이루어졌다. 먼저 마쓰모토 시안이 거부되었고, 모델 초안이 제시되었다.

동석한 케디스 등의 기록에 의하면, "휘트니 장군의 이 발언에 일본 측 사람들은 분명하게 망연한 표정을 보였다. 특히 요시다 씨의 얼굴은 경악과 우려의 기

색을 보였다”고 말했다. 일본 측이 상담하는 사이에 휘트니 등은 정원을 산책하면서 기다렸다고 하는데, ‘그때 미국 비행기 한 대가 상공을 날아갔다. 15분 정도 지나 시라스 씨가 우리들과 함께 하였는데, 그때 휘트니 장군은 조용히 “우리들은 문 밖에서 원자력을 일으킬 열(=태양열)을 즐기고 있습니다(We are out here enjoying the warmth of atomic energy-원문)” 라고 말했다’.

휘트니는 10시 40분이 지나 다시 회담이 시작되었을 때 다음과 같이 말했다.

> 당신들이 알고 계신지 모르겠지만, 최고사령관은 천황을 전범으로 취조해야 한다는 타국의 압력, 이 압력은 점점 강해지고 있습니다만, 이러한 압력으로부터 천황을 지키려는 결의를 굳게 지키고 있습니다. 이제까지 최고사령관은 천황을 보호해 왔습니다. 그것은 그가 그렇게 하는 것이 정의에 부합한다고 생각하고 있기 때문이며, (중략) 그러나 여러분, 최고사령관이라고 해도 만능은 아닙니다. 그렇지만 최고사령관은 이 새로운 헌법의 모든 규정이 받아들여진다면, 실제 문제로서 천황은 안전하게 될 것이라고 생각하고 있습니다. 그리고 최고사령관은 이것을 받아들임으로써 일본이 연합국의 관리로부터 자유롭게 되는 날이 더욱 빨라질 것이라고 생각하며, 또한 일본 국민을 위해서 연합국이 요구하고 있는 기본적 자유가 일본 국민에게 주어질 것이라고 생각하고 있습니다. (중략) 맥아더 장군은 이것이 많은 사람들에게 반동적이라고 여겨지고 있는 보수파가 권력에 머무는 최후의 기회라고 생각하고 있습니다. 그리고 그것은 당신들이 왼쪽으로 급선회(해서 이 안을 수락)하는 것에 의해서만 가능하다고 생각하고 있습니다. (중략) 이 헌법 초안이 수용되는 것이 당신들이 (권력의 자리에) 살아남는 기대를 걸 수 있는 오직 한

가지 길이라는 것, 그리고 최고사령관은, 일본 국민이 이 헌법을 선택할지, 이 헌법의 모든 원칙을 포함하고 있지 않은 다른 형태의 헌법을 선택할지의 자유를 가져야 한다고 확신하고 있다는 것에 대해서는 아무리 강조해도 과하지 않습니다(高柳前揭書, No.16 文書).

이 회담에 대해서는 시라스 지로가 다른 표현으로 완전히 같은 말을 하고 있다. '휘트니도 지로가 있는 것을 알았다. "우리들은 원자력의 태양광을 즐기고 있었다(We are been enjoying your atomic sunshine)." 그는 미소를 지으며 조용한 어조로 그렇게 말했다. (뭐라고?) 원폭을 맞은 마음의 상처도 아직 치유되지 않은 일본인에게 'Atomic'이라는 단어는 '금기'다. 지로는 전신의 피가 역류하는 듯해서 확 얼굴이 달아올랐다. 일부러 'Atomic'이라는 단어를 사용한 것은 확실한 위협이다. ……지로는 여기에서 처음으로 원자력 발언에 대해 요시다에게 보고했다. "뭐라고!" 요시다는 발을 동동 구르며 분해했다. "GHQ 따위 'Go Home Quickly(빨리 집에 가버려)!'"하고 새빨갛게 되어 화를 내면서도 요시다의 농담은 살아있었다'(北康利, 『白洲次郎 占領を背負った男』).

▶ 사진 3-5. 시라스 지로(1902~1985년). 그 후 실업가로서 도호쿠전력회장 등을 역임. 부인은 작가·수필가인 시라스 마사코(白洲正子).

민정국 초안을 받아들일지 말지라는 문제를 휘트니는 atomic(원자폭탄)의 문제까지 배경으로 하면서 강요하였으며, 다른 한편으로 요시다를 중심으로 한 자유주의파에 대해서는 천황제 유지와 전쟁 포기, 사회민주주의적인 개혁을 수용함으로써 자유주의파가 살아남을 수 있다는 양면을 강요하였다. 그리고 만약 거부할 경우에는 직접 국민투표에 이 초안을 걸겠다고 말한 것이다.

1946년 4월 〈아사히신문(朝日新聞)〉에 '공산 세력이 매우 강한 상황에서는 천황제와 자본주의를 지키기 위해 이 헌법을 꼭 긍정해야만 한다'는 당시 '재계의 움직임'이 소개되어 있다. 확실히 이 초안을 제안한 휘트니는 천황제와 자본주의를 지킨다는 면도 있지만, 그 위에는 단순히 천황제와 전쟁 포기만이 아니라 사회민주주의적인 개혁이나 수정자본주의적인 움직임도 받아들여야 '보수파'는 연명할 수 있다'고 말하고 있다. 그리고 그러한 움직임은 총력전체제 안에서 상당히 준비되었으며, 그것을 긍정함으로써 자유주의파가 살아남을 수 있다는 구조가 있었던 것이다.

천황제를 어떻게 할 것인가

헌법 초안에는 천황제, 전쟁 포기, 생존권·사회권에 관한 조항도 있었다.

천황제 문제에 대해서는 미국 여론과 일본 여론, 그리고 미국 정부와의 사이에 상당한 의견 차이가 있었다. 미국 정부는 전쟁 말기에 이미 천황제를 권력이 없는 상태로 존속시켜 점령 관리에 이용하려고 한 의도를 확실하게 갖고 있었다. 그런데 미국의 여론은 매우 엄격하여, 45년 여름 「전후 천황을 어떻게 취급하면 좋다고 생각하는가」라는 갤럽 조사에 대해 처형 33%, 재판소에서 인정받게 한다 17%, 종신 금고 11%, 유형 9%, 무죄 4%, 연합군의 괴뢰로 이용한다 3%의 결과가 나왔다(竹前前揭書). 그리고 다른 나라에서도 천황전범론이나 천황제 폐지론이 있었다. 그러나 일본의 경우는 『일본주보(日本週報)』(1945년 12월 23일 호)에 의한 조사에서 95%가 천황제를 지지했다. 그리고 미국 전략폭격조사단이 1945년 11~12월에 일본인 약 5천 명에 대해 면접조사를 실시했는데, 거기에서도 천황의 재위를 바란다는 것이 62%였으며, 퇴위시킨다가 3%였다(栗屋憲太郎·解説, 『資料日本現代史』第二卷). 이렇게 견해가 나누어지는 가운데 미국 정부는 포츠담선언에서도 그랬지만, 포츠담선언 이후의 11월 3일「항복 후 초기의 기본지령」에서도 "일본국 국민이 자유롭게 표명한 의사에 의해 지지받지 못하는 어떠한 정치 형태를 일본에 강요하는 것은 점령군의 책임이 아니다"라고 언급하고 있으며, 맥아더도 천황제의 존폐에 대해서는 미국 정부의 지시에 따르겠다고 말하고 있었다.

10월 5일 SWNCC 각 성의 회합에서 실질적인 정책을 검토한 극동소위원회(SFE)에서 ① 히로히토는 전범으로 체포한다, ② 체포는 퇴위시킨 후에만 실행한다, ……천황을 퇴위시키고, 전범으로 체포하는 최종 결정은 미국 정부가 이행한다, 등의 검토를 한 후 천황제의 존속이 결정되었다(竹前前揭書).

천황제를 폐지할 경우에는 수습하기 어려운 혼란이 일어날 것이라는 '고정관념'(升味前揭書)이 도대체 어느 정도 객관성이 있었을까에 대해서는 다시 생각해 볼 필요가 있을지도 모른다.

상징천황제를 받아들이다

이렇게 천황제 존폐를 둘러싸고 일미 쌍방의 생각에 상당한 격차가 있었다는 것은 사실이지만, 그것을 채우기 위해서 일미 양 정부는 46년 정월에 천황에게 인간선언을 하게 했다.

1월 4일, 애치슨 고문이 트루먼 대통령 앞으로 보낸 편지에서 이 문제를 거론하면서 천황제 존폐의 의견을 언급하고 있다.

애치슨은 '나는 천황은 전범이라고 믿고 있다. 일본인 중에도 그렇게 생각하는 인간도 있으며, 그것은 나에게 이상적이다. 그러나 여러 가지 사정을 고려하면, 현재 우리들이 취할 수 있는 최선은 제2의 신중한 정책이다' 라고 말한 후 다음과 같이 말하고 있다.

> 우리 군사력은 급속한 복원으로 이미 지장을 초래하고 있다. 계속 일본
> 정부를 이용해서 관리하고, 개혁을 실시해야만 하는 상태에서는 천황
> 이 가장 유용하다는 것은 두말할 필요도 없다. 공무원과 국민 일반은 그
> 에게 복종하고 있다. 그는 우리의 일반 목적을 완수하는 데 조력하고 싶
> 다는 성의를 표명하였으며, 그의 주변인들보다도 열심히 민주적이 되기
> 위해 노력하고 있는 것처럼 보인다(FR, 946, Ⅷ. 升味前揭書).

1월 24일, 시데하라 수상이 맥아더 원수를 방문했을 때에도, 시데하라는 "일본은 아무래도 천황제가 없으면 평화적으로 수습할 수 없다"고 말했다. 다음 날 25일에는 맥아더가 아이젠하워 육군참모총장에게 '천황을 전범으로 해서는 안 된다' 는 것을 다음과 같이 강력하게 진언했다.

천황은 일본 국민 통합의 상징이며, 그를 파괴하면 일본국은 와해될 것이다. 사실 모든 일본인은 천황을 국가원수로 숭배하고 있으며, 옳든 그르든 포츠담선언은 천황을 존속시킬 것을 기도하고 있다고 믿고 있다. 그렇기 때문에 만약 연합국이 천황을 재판하면 일본인은 이 행위를 사상 최대의 배신이라고 받아들여, 장기간 연합국에 대해서 분노와 증오를 품게 될 것이다. 그 결과, 수세기에 거쳐 상호 복수의 연쇄작용이 일어날 것이다. 나의 의견으로는 모든 일본인이 소극적 내지는 반은 적극적으로 저항하여, 행정 활동의 정지, 지상 활동이나 게릴라전에 의한 혼란을 일으키게 될 것이다. 근대적이고 민주적인 방법의 도입은 소멸하고, 군사 컨트롤이 최종적으로 정지되었을 때, 공산주의 조직 활동이 분단된 민중 사이에서 발생할 것이다. 이러한 상태에 대처하는 점령 문제는 지금까지의 그것과는 전혀 다른 것이다. 이것에는 적어도 백만 명의 군대와 수십만 명의 행정관과 전시보급체제의 확립을 필요로 할 것이다. 만약 천황을 전범재판에 기소하면 앞에 기술한 바와 같은 준비가 불가결하다는 것을 권고한다(FR, 1945, Ⅷ. 竹前前揭書).

이렇게 시데하라는 상징천황제 문제도 포함한 헌법 개정안을 각의에 보고하여, 2월 22일에 각의가 결정하고, 그 후에 천황에게 보고했다. 천황 자신은 '영국처럼 상징이라고 바꾸어 말하면 되지 않겠는가'라고 하여, 상징천황제가 받아들여지게 되었다.

국제적 문제였던 전쟁 포기 조항

헌법 문제에는 또 한 가지 중요한 전쟁 포기에 관한 조항이 있다. 그것에는 시데하라가 관계하고 있다는 이런저런 말들이 있었지만, 실제로 천황제를 유지하기 위해서는 일본의 전쟁 포기, 교전권의 부정이 필요하다는 것으로써 극동위원회에서 과격한 개혁을 주장하는 일파를 설득할 수밖에 없다고 휘트니나 케디스 등이 생각하였으며, 맥아더도 그에 따랐던 것이다.

맥아더는 시데하라가 전쟁 포기를 주장했다고 말하고 있지만, 「오다이라 메모(大平 メモ)」로 유명한 오다이라 코마쓰치(大平駒槌, 추밀고문관)라는 측근이 쓴 메모에 따르면, '소련이나 호주가 일본을 위협하고 있으며, 천황제를 폐지하자는 의견도 내놓고 있다고 한다. 천황제 유지를 위해서는 헌법 원안을 받아들이고 천황을 상징으로 하는 것, 전쟁 포기에 동의하는 것이다'라고 시데하라 수상이 맥아더 장군과 회견한 후 오다이라에게 언급하고 있다. 그 후 시데하라 수상은 필자에게 "전쟁 포기는 우리들이 희망한 것으로 하죠……"라고 불쑥 말한 적이 있다. 번역 헌법을 통째로 받아들였다고 후세에 비난받으면 곤란하다고 생각했을지도 모른다.

결국 맥아더는 국제적인 비난과 염려 속에서 천황제를 구출하기 위해서는 천황을 상징으로 하는 것만으로는 만족스럽지 못하고, 전쟁을 포기할 수밖에 없다고 생각한 것이다. 이것은 일본인의 의식이라기보다는 현실적으로 패전국에서 무장해제의 법적 표현이었다고 말할 수 있다. 그런 의미에서도 헌법 작성 과정에서의 전쟁 포기는 주요한 국제적 문제였다. 그리고 맥아더는 천황의 전쟁 책임을 면책하기 위해 전쟁 포기 조항(제9조)을 넣고, 이후에 9조에 의해 공백이 될 일본 본토의 방위는 오키나와에 미군 기지를 확보함으로써 가능하다고 생각한 것이다(古関彰一, 『「平和国家」日本の再検討』). 이 관계가 어떻게 될 것인가는 강화 이후 일본 정치의 존재 형태에 달려 있다.

4. 국내의 여러 헌법안과 헌법체제의 성립

제정당의 헌법안

민정국이 헌법 개정안을 만든 전후로 일본 측에서도 정당과 민간의 개정 초안이 여러 가지 형태로 제출되었다. 헌법 개정이라는 것은 단순히 법률 개정이 아니라 전후체제를 어떻게 할 것인가, 전후 구상을 어떻게 할 것인가라는 내실을 묻는 것이기 때문에 헌법의 내용과 그 평가가 중요하다. 왜냐하면 일본 정부 및 일본의 주요 정당이 '구태의연' '반동적' '보수적' 이기 때문에, 점령당국이 헌법을 밀어붙인 것은 어쩔 수 없이 '정당' 했다고 일컬어졌기 때문이다. 이 논리는 일본 정부나 정당이 '구태의연' 하다는 GHQ의 평가에 의존하고 있다고 생각되는데, 그것이 확실한 것인가를 검토해 보자.

헌법 문제에 대한 대응은 공산당이 가장 빨랐는데, 45년 11월 제1회 전국협의회 때였으며, 이미 헌법 제정 작업이 최종 단계에 있었다 (정당의 움직임에 대해서는 福永前揭書, 永井憲一·利谷信義·古関彰一ほか編,

『資料日本国憲法』I). 공산당은 이때「신헌법의 골자」를 발표했다. 그 골자는 '주권은 인민에게 있다' 라는 인민주의를 내세우고 있고, '18세 이상 남녀의 선거권, 피선거권' '인민은 정치적, 경제적, 사회적으로 자유' '정부를 감시하고 비판할 자유' 라는 자유주의적 내용이 첨가되어 있으며, '인민의 생활권, 노동권, 교육받을 권리' 의 보증 등 6항목으로 되어 있다. 하지만 이것은 골자뿐이었으며, 실제로 헌법 초안이 완성된 것은 다음 해 6월이었다.

46년에 들어서자 각 당이 여러 가지 헌법 초안을 제출했다. 바로 GHQ 초안이 작성된 '밀실의 9일간' 과 같은 시기로 각 당도 초안을 만들고 있었던 것이다.

1월 21일에 제출된 일본자유당의 헌법 개정 요강의 경우, '먼저 통치권의 소재는 명확하게 하고, 신비 또는 모호한 속임수의 언설을 없애고, 의회의 권한을 크게 하여 책임내각제도를 수립하고, 또 사법권의 독립 강화와 서로 작용하여 국민의 권리를 신장·옹호하여, 진정한 입헌군주정치의 확립을 세우는 것이다' 라고 선언하면서, 하토야마 이치로가 발표했다(永井ほか前掲書).

그 안에서는 천황제에 대해 '우리의 천황제는 만세일계로 국가의 원수로서 통치권을 총람한다는 것은 당의 기본 방침이다' 라고 말하고, 대권의 폐지에 대해서는 긴급칙령, 집행명령, 독립명령제정대권, 관제대권, 통수대권, 편성대권, 비상대권을 폐지하도록 했다. 또한 인권에 대해서는 '사상, 언론, 종교, 학문, 예술의 자유는 법률로써 무분별하게 이것을 제한할 수 없음' 이라고 규정했다.

진보당은 3월 14일에 헌법 개정 방침을 발표하고, 천황제 유지를 첫째로 했다. 통치권 행사의 원칙에 대해서는 '천황은 신민의 보필에

의한 통치권을 행사한다. 입법은 제국의회의 협찬에 의하며, 행정은 내각의 보필을 요하며, 사법은 재판소에 이것을 위탁한다. ……통수대권, 편성대권, 비상대권, 독립명령제정의 대권에 관한 조항은 삭제한다. 그 외 천황대권에 대해서는 의회의 회의를 거친다'고 정했다 (永井ほか前揭書).

사회당은 2월 23일에 헌법안을 발표하였으며, 주권에 대해서는 '국가(천황을 포함한 국민 공동체)에 있다', 통치권에 대해서는 '이것을 분할하여 주요부를 의회에, 일부를 천황에 귀속시키고, 천황을 존치한다'고 규정하고 있다. 또한 천황의 통치권을 제한하고, 천황의 비정치화를 도모한다고 되어 있다. 이 헌법 초안의 특징은 '국민의 생존권' 즉 '국민은 생존권을 갖는다, 그들의 노후 생활은 국가의 보호를 받는다' '국민은 노동의 의무를 갖는다, 노동력은 국가의 특별한 보호를 받는다'고 하는 바이마르헌법(바이마르에서 열린 국민 의회에서 헌법이 제정된 데서 유래한 명칭으로, 1919년 8월 11일에 제정된 독일 공화국의 헌법 - 역주)의 영향을 떠올리는 표현을 쓰고 있다는 것이다. 천황제에 대해서는 사회당 안에서도 여러 가지 의견이 있어서 모리토 타쓰오(森戶辰男)처럼 '국민의 권리는 지켜져야 하며, 천황은 아주 조금만 움직이는 축이 되어야 한다. 천황의 지위는 영국이나 스칸디나비아의 그것과 가까운 것이어야 한다'는 의견을 가지고 있었던 사람도 있었다 (福永前揭書).

그러나 지배적 정당이었던 자유당안이나 진보당안에 대해서는 '한눈에 봐도 알 수 있듯, 메이지 헌법의 천황 조항과 다를 바가 없다' (古関, 『新憲法の誕生』, 福永前揭書)라고 평가되고 있는데, 그렇게 보아도 좋은 것인가. 자유당안을 보면, '통치권을 총람한다'의 '총람(總攬)'이라는 의미는 이미 보았지만, 현실에서 그것을 실질적으로 행사하는 대권은 거의 존재하지 않는 체제이다. 또한 진보당안도 실질적으로 메이지 헌법체제와는 압도적으로 다른 내용인데도 메이지 헌법과 거의 다르지 않다는 평가를 받고 있는데, 앞에 서술한 정부안처럼 메이지 헌법과 크게 달라져 있으며, 서구 군주국의 현 헌법과 비교해도 군주의 권한이 제한된 헌법안이다.

주요 정당이나 일본 정부의 초안이 GHQ가 말한 것처럼 전전의 헌법과 다르지 않다는 것을 강조하기보다는, 사실상 어느 정도 바뀌었는가를 스스로 조사하는 것이 중요할 것이다. 그렇게 하면 가장 보수적인 정당조차도 자기 개혁이 가능했다는 것을 확인할 수 있을 것이다.

여러 가지 민간의 헌법안

이상이 주요한 정당의 당시 헌법 초안이며, 그 외에 민간의 헌법연구회안이 있다.

헌법연구회는 다카노 이와사부로(高野岩三郎)의 제언으로 스즈키 야스조(鈴木安藏), 모리토 타쓰오(森戸辰男) 등 몇 명에 의해 만들어져, 45년 11월 5일에 첫 회합을 가졌다. 이 안에서는 '일본국의 통치권은 일본 국민으로부터 나온다' '천황은…… 국가적 의례를 담당한다'고 국민주권을 확실하게 하고 있으며, 기본적 인권·사회권의 존중 등을 강조하고 있다. 그것은 다음 해 46년 1월에 민정국 법규과장인 라우엘이 '매우 자유주의적'이라고 언급함으로써, 휘트니에게 제출되어 GHQ안의 모델이 되었다고 한다(高柳前揭書, 古関前揭書, 福永前揭

▶사진 3-6. 일본국헌법 성립(1946년 10월 7일. 중의원본의 회장, 『昭和 二万日の全記録』 7).

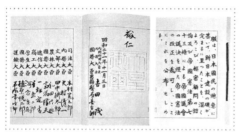
▶사진 3-7. 일본국헌법의 공포(1946년 11월 3일. 요시다 수상은 메이지 천황의 탄생일(천장절)을 공포일로 했다).

書, 小西前揭書, 原前揭書).

이상에서 알 수 있듯이, GHQ 모델 초안이 그대로 신헌법이 되었던 것이 아니고 정부안의 작성 과정이나 의회심의 과정에서도 여러 가지 수정이 이루어졌다.

그 첫째는, 초안에서 국회는 일원제였지만 참의원을 넣어서 이원제가 된 것이다. 또한 중의원의 수정 단계에서는, 전력을 보유하지 않는다는 것에 관한 제9조 제2항에 '앞 항의 목적을 달성하기 위해' 라는 어구가 첨가되었으며, 생존권(제25조)도 첨가되었다. 그리고 신헌법에 기반하여 다양한 법률의 규정, 개폐가 행해졌다. 47년에 개정된 민법(호주제도의 폐지와 남녀동권의 새로운 가족제도), 형사소송법의 인권존중에 기반한 개정, 형법의 일부 개정에서 불경죄, 간통죄 등의 폐지가 그것이다.

이렇게 46년 10월 7일에 새로운 헌법「일본국헌법」이 중의원에서 가결되어, 11월 3일에 공포되었으며, 다음 해 47년 5월 3일에 시행되었다. 단, 여기에서 생각해 보아야 할 것은, 이 과정은 앞에서 언급한 atomic sunshine은 아니지만, 강요된 헌법이었다는 것은 부정할 수 없는 사실이며, 이것은 점령이라는 엄연한 전쟁 상태의 연속 안에서 패전국이 받아들일 수밖에 없었던 하나의 형태였다.

지방자치법과 헌법체제의 성립

이 헌법과 거의 동시기에 지방자치법도 만들어졌다. 도도부현지사(都道府県), 시정촌장(市町村長)의 공선, 내무성의 해체, 자치체 경찰의 창설 등을 내용으로 47년 4월 17일에 공포되었으며, 다음 달에 시행되었다.

국민주권, 생존권, 상징천황제 등의 조항을 헌법 초안 만들기에 관여한 미국의 젊은이나 군인이 스스로 생각해 낼 리가 없었다. 후쿠자와 유키치(福沢諭吉)나 요시노 사쿠조(吉野作造) 등의 사상, 일본 측안, 영국을 포함한 세계의 지식과 지혜를 모았다(原前揭書, 小西前揭書, 中村政則『戰後史と象徵天皇』, 坂野潤治『明治デモクラシー』 등)는 점에서는 결코 '강요'는 아니지만, 그 절차 과정에서의 관계는 명백하게 지배, 피지배 관계에 기반하고 있다. 더욱이 천황의 처우에 전형적으로 나타나 있듯이, 그것은 전쟁 중의 심리작전전략에 의하고 있으며(加藤哲朗『象徵天皇制の起源』, 東野真『昭和天皇二つの「独白録」』), 점령기에도 계속된 지극히 군사적인 지배 관계였다.

이것을 점령자, 피점령자 쌍방이 명확하게 자각하지 않으면, 이 시대를 선의로 가득 찬 '무조건항복 모델의 성공 스토리'로서 이해해 버리고, 미국은 이러한 생각에 의해 이후의 세계 각지에서 '점령개혁'을 밀어붙이게 된다. 그것은 피점령 측을 스스로는 개혁할 수 없는

▶사진 3-8. 신헌법공포기념의 꽃전차(東京·神田須田町付近 『日本百年の記録』 3).

'구태의연' 하고 '반동' 적인 존재라고 보는 관점으로 고정함으로써 강화, 재생산되었다. 그렇기 때문에 점령개혁이 있든 없든 언젠가는 개혁은 이행할 수 있는 조건과 주체와 내용이 '발견' 되어야만 한다는 것이다. 그 '발견' 에 관해서 말하면, 천황이나 군대보다도 생존권, 남녀의 평등과 같은 생활에 관한 영역이 중요하다. 그것은 특히 일본에서는 전전·전쟁 중에 준비되어 있었기 때문이다.

따라서 헌법 제정 과정은 내용과는 기본적으로 별개의 문제로서 논의해야 한다. 46년에 헌법이 만들어지고, 일단 국내의 절차를 취하여 공포되었기 때문에 헌법체제가 완성되었다고 하지만, 헌법체제로서는 명확하게 성립하지 않는다.

제도라는 것은 다수의 인간이 제도가 기대하는 가치관을 공유하고, 그것에 따라 행동함으로써 비로소 존재하는 것이며, 그것이 없으면 단순한 종잇조각밖에 되지 않고, 체제라는 것은 그 제도를 모은 것이다. 즉 헌법체제라는 것은 그 구성 멤버가 그 행동양식을 규범적으로도 수용하여 그렇게 행동하는 것이 대전제가 된다. 그렇기 때문에 그 의미에서 헌법체제가 성립하는 것은 55년이다.

52년 4월 28일에 일본은 샌프란시스코 강화조약을 조인하고 독립했다. 54년부터 55년에 걸쳐 제1차 하토야마 이치로 내각 때 여당인

민주당을 비롯한 보수정당은 헌법 개정을 정면에 내걸었다. 한편, 호헌파도 「헌법옹호국민연합」 등을 결성하여 그것에 정면으로 대결했다. 점령군의 직접 간섭이 없는 상태에서 일본헌법을 개정할지, 말지라는 문제가 독립 후 처음으로 정면에서 맞닥뜨리게 되었던 것이다. 이 과정에서 일본 국민은 전쟁의 비참함과 제9조를 연결하였으며, 55년의 중의원선거에서는 호헌파가 호헌에 필요한 의석을 획득했다. 이것은 일본 국민이 주체적으로 헌법을 선택하여 취했다는 것을 명백하게 나타내고 있다. 바꾸어 말하면, 이때 처음으로 일본국헌법체제가 성립한 것이다(雨宮昭一, 『戰時戰後体制論』).

제4장 정당세력과 대중운동

2·1 파업 포스터. 조국 재건과 생활권의 획득이 두 축이었다 (1947년).

이제까지 서술해 온 것처럼, 성공 스토리 사관이라든가 낙관주의 사관이라고 할 수 있는 사관에 기반하여 점령기를 해석한 것은 많지만, 더욱 다양하고, 현실적이면서도, 역사적이고, 지적인 해석의 가능성을 생각해 보고자 하는 것이 본서의 목표 중 하나이다.

이 장에서는 주체, 즉 담당자들에 맞추어 그것을 생각해 보고자 한다. 먼저 그 전제로 당시의 객관적인 조건을 열거해 두자. 첫 번째는 총력전체제에 의해 패전한 것은 점령이 있든 없든 그때까지의 체제 자체를 바꾸어야 한다는 상태였다는 것이다. 두 번째는 패전으로 인해 식민지를 잃어버리면 다수의 귀국자가 생기기 때문에 좁은 영토에 인구가 집중됨으로써 내부 재편성의 압력이 가해졌을 것이라고 하는 점이다. 세 번째로 이제까지 바뀐 것 모두가 점령에 의한 개혁이라고 일컬어져 왔는데, 점령이나 패전이 있었든 없었든 바뀐 것도 객관적으로는 있을 수 있다는 것이었다.

본장에서는 위에 언급한 것을 토대로 정치·사회운동의 지도자를 중심으로 점령개혁시대의 정당 지도자와 대중운동의 문제에 대해 생각해 보고자 한다. 이것은 점령이 없었다 해도 개혁은 진행되었을 것이다 라는 문제의 주체적인 조건을 생각하게 되는데, 제1장에서 문제로 삼았던 네 가지 정치조류론 안에서 서술한 바와 같이, 반도조연합이 형성되어서 패전이 가능하게 되었다는 것을 전제로 이야기를 진행시키고자 한다.

1. 패전과 일본의 지도자들

지도자들의 출발점

사람들은 패전을 어떻게 맞이했을까. 망연해 있었다든가, 멍했다든가, 황거 앞에서 무릎을 꿇고 천황에게 사죄를 했다든가 하는 얘기들이 있지만, 이것은 정보가 거의 주어지지 않는 또는 정보를 거의 얻을 수 없는 사람들의 행동양식이다. 실제로 어떻게 움직이고 있었는가를 생각하기 위해서는 다양한 단위의 지도자들이 취한 행동에 주목할 필요가 있다.

지도자란 체제 측, 반체제 측에 상관없이 어느 정도의 정보를 얻고 있었으며, 운동을 할 수 있는 기반이나 수단이 되는 자원을 가지고 있는 사람들이라고 판단한다면, 단기적으로 상황을 좌우하는 것은 지도자들의 행동이었다. 사회적 및 정치적인 지도자들의 전후를 향한 행동이 언제 시작되었는가를 살펴보자.

지도자들의 전후에 대한 행동의 개시에 대해서는 다음과 같이 세

가지 경우로 나누어 볼 수 있다. 1945(쇼와 20)년 8월 15일 전부터 시작한 경우, 8월 15일을 직접 계기로 해서 시작한 경우, 점령군이 점령정책을 전환하기 시작하면서 시작한 경우이다. 지금까지 사회운동 특히 좌익운동은 45년 10월 4일 맥아더에 의한 「인권지령」(점령군이 좌익을 석방하고, 좌익운동을 지지한 것) 이후라고 일컬어진다. 또한 정당에 대해서는 대개 8월 15일 이후에 움직이기 시작했다고도 얘기되어 왔다.

그러나 그것은 이 시대를 분석하는 입장에서 볼 때, 인권지령 이후 좌익은 처음 출발했다, 정당세력은 패전부터(패전 전이 아니고) 움직이기 시작했다, 라는 일종의 믿음이 있어서 그렇게 묘사되어 온 것은 아닐까. 말할 필요도 없이 믿음은 만들어진 것이다.

사회운동의 지도자

먼저 사회운동의 지도자들 문제부터 시작하자. 사회당이나 공산당 지도자들의 운동이 인권지령 이전에 시작되었다는 예를 두 가지 정도 열거해 두고자 한다.

하나는, 구와바라 켄지(桑原健司, 전쟁 전, 농민운동의 가장 좌파였던 전농전국회의파의 활동가)의 경우이다. 그는 패전의 조칙을 들은 그날 자전거를 타고 같은 경력을 갖고 있는 몇 명의 집을 돌았고, 9월 중순에는 제1회 일본공산당 야마나시현지부(山梨県支部) 창립준비회를 개최하였다고 한다(斎藤芳弘, 『戦後四十年・国盗り合戦』, 사이토는 당사자에게 직접 청취하였다). 그리고 9월 하순에는 구전농전회 및 구전협(전국노동조합협의회)이나 구사회민중당계의 활동가들이 집회를 가졌다. 그들은 전쟁 전부터 농민운동의 리더였으며, 전후에는 사회당 간부가 되는 히라노 리키조(平野力三)와 행동을 같이 하는 그룹과 공산당 그룹으로 나누어져 활동하게 되었다(斎藤前掲書).

　　두 번째는 유키에 유키(雪江雪, 다이쇼기에는 불교계의 활동가, 그 후에 구전협계, 전후에는 야마나시 현 공산당 간부)의 증언에 보이는 공산당 지도자들의 모습이다. 10월 18일 유키에는 공산당 본부에 가서 '처음으로 도쿠다 큐이치(徳田球一)를 만났다. 시가 요시오도 목을 둥글게 한 자켓 차림으로 바쁘게 부지런히 일했다. 짋어지고 있던 고슈(야마나시의 옛 이름)의 감 등을 베어 먹으면서 여러 가지를 말했다. …… "야마나시당의 행동 방향도 조금은 이상하지만 사소한 것에 얽매이지 말고, 거기에서 출발하면 된다. ……이제부터의 발전은 빠른 속도로 진행되기 때문에 그 과정에서 순수한 것으로 만들어 나아가야 한다." 그리고 도쿠다는 신문기자에게 "이것은 야마나시의 동지다, 야마나시에서는 이미 당조직이 확립되어 버젓이 활동을 개시하고 있다"고 소개했다'고 한다(雪江雪,「公然化のトップ山梨県党」『山梨県史 資料編 一五』近現代2).

　　이러한 운동의 진전은 9월 중순까지의 다양한 움직임을 제외하고는 생각할 수 없다. 그것은 야마나시 현뿐만 아니라 전국에서 있었으며, 인권지령에서부터 운동이 시작되었다는 종래의 이해 방법으로는 마무리 지을 수 있는 것은 아닐 것이다. 이 점에 대해서는 후에 가타야마 테쓰(片山哲)에 대해서 언급할 때에도 다시 다루겠다.

관료의 구상

관료들도 다양한 형태로 8·15 이전에 전후 구상을 생각하여 움직이고 있었다. 만주국 등의 지배 관리를 이행해 온 사람들이나 외무 관료들이 패전 후를 구상하여 의외로 빠른 단계에서 움직이기 시작하고 있었다.

체신성, 대동아성, 흥아원(중일전쟁하의 중국점령통치의 중앙기관) 등 관료들이 취한 행동의 단편을 오키타 사부로(大来左武郎)의 전기(小野善邦, 『わが志は千里に在り』)에서 살펴보자.

오키타는 1937년 도쿄제국대학 공학부를 졸업하고 체신성에 들어갔다. 거기에서 그는 법과만능주의(法科万能主義)에 대항해 조사과장인 마쓰마에 시게요시(松前重義, 후에 사회당 중의원의원) 등이 행하고 있던 기술관리의 지위 향상과 대우 개선을 촉구하는 '기술자운동'에 참가했다. 또한 같은 시기에 쇼와위원회의 주재자인 고토 류노스케(後藤隆之助)를 사숙장으로 하여 인재 양성을 목적으로 설립한 쇼와 사숙의 2기생이 되었는데, 거기에서 실제 운영을 담당하고 있던 부사숙장격인 다이라 테이조(平貞蔵)를 만났다.

이 오키타를 시작으로 관료 중에도 8·15 이전인 45년 2월 정도부터 전쟁에 패배한 이후의 국민식량난에 대비하기 위한 구체적인 행동을 시작한 사람이 있었다. 같은 해 6

▶사진 4-1. 오키타 사부로(1914~1993년). 전후 일본을 대표하는 국제파 이코노미스트. 제2차 오히라 내각의 외무대신에 발탁되었다.

월에 북경대사관의 전력담당관인 고토 요노스케(後藤誉之助)가 오키타에게 "패전으로 혼란한 전후의 일본 경제에 대해서는 지금부터 계통적인 연구를 행하는 것이 필요하다. 나는 지금 비밀리에 준비를 진행하고 있으니 그것을 도와달라"고 말하여, 오키타는 여기에 관여했다. 후에 경제안정본부(안본) 등에서 고토 요노스케와 오키타 사부로가 실무면에서 추진력이 되는데, 45년 6월 정도부터 그 움직임이 시작된 것이다.

또한 4월경에 오키타는 다이라 테이조와 패전 후의 문제를 상담했다. 다이라의 일기에는 "6월 19일 스기하라 씨 집 방문. 오키타 군 동행"이라고 되어 있으며, 오키타는 늦어도 6월 상순까지 상사인 대동아성 총무국장인 스기하라 아라타(杉原荒田, 전후, 참의원의원, 방위청장관)를 다이라에게 소개하여, 전후경제연구를 본격적으로 시작할 수 있도록 승인과 지원을 얻었다. 이미 6월 단계에서 전후 경제 문제가 현실적으로 생각되고 있었던 것이다. 대동아성, 홍아원 등 식민지 관료 안에서도 기시 노부스케(岸信介) 등과는 다른 오키타 등의 세대가 패전 후의 구상을 하고 있었다는 것이 주목된다.

그리고 7월 22일 오키타가 이시하라 간지(石原莞爾)와 만났을 때, 이시하라는 '농공양전(農工兩全)'을 도모하고 '토지의 배분 등 농지 개혁이 불가결하다'라고 말했다고 한다.

전후문제연구회

동양경제신보사의 이시바시 탄잔(石橋湛山, 전후, 오쿠라대신과 수상

을 역임)은 당시의 오쿠라대신 이시와타 소타로(石渡荘太郎)에게 손을 써서 44년 10월 오쿠라성 내에 '전시경제조사위원회'를 만들었다. 이것은 『わが志は千里に在り』(앞의 책)에 의하면 명칭과는 다르게 전후의 일본 경제 재건 연구를 목적으로 한 극비의 회합이었다고 한다.

참가자는 이시바시 탄잔, 아라키 코타로(荒木光太郎), 오코우치 카즈오(大河内一男, 아라키·오코우치는 둘 다 동대), 나카야마 이치로(中山伊知朗, 도쿄산업대〔현재 히토쓰바시대〕), 구도 쇼시로(工藤昭四郎, 일본흥업은행조사부장), 야마기와 마사미치(山際正道, 오쿠라성 총무국장) 등 9명이다. 그 회합은 45년 2월 정도까지 계속되었지만, 3월의 도쿄 대공습과 이시바시의 소개(공습에 의한 화재 등의 피해를 줄이기 위한 주민 이동) 등으로 자연휴회 되었고, 이를 7월 30일에 본래의 '전후문제연구회'로 하는 것은 위험했기 때문에 '일본자활방책연구회'라는 명칭으로 재출발했다.

오키타는 공학부 출신으로 기술 전공이며, 다이라는 정치경제 전공이다. 오키타와 다이라가 중심이 되어 멤버를 인선하고, 제1회 회합을 8월 16일에 실행하기로 했다. 그 통지서에는 당면의 외교 조치에 관한 사항, 일본 민족 자활의 장래 대책, 대동아 지역과의 관계 형태, 차후의 심의 방법, 네 가지의 의제가 기록되어 있었다.

이렇게 패전 다음 날 8월 16일에 제1회 회합이 열렸으며, 오우치 효에(大内兵衛, 일본은행촉탁), 로야마 마사미치(蝋山政道, 정치학자), 나카야마 이치로(中山伊知郎, 도쿄산업대), 스기무라 코조(杉村広蔵, 도쿄산업대), 도바타 세이이치(東畑精一, 도쿄대), 가메야마 나오토(亀山直人, 도쿄대), 이시가와 이치로(石川一郎, 화학공업통제회), 다이라 테이조(平貞蔵, 평론가) 등 17명이 출석하여, 전후문제연구회가 시작되었다.

외무성 특별조사위원회

또 외무성 안에도 같은 움직임이 있었는데, 당시 외무성에 근무하고 있던 쓰루 시게토(都留重人)는 자서전『いくつもの岐路を回顧して』에서 다음과 같이 언급하고 있다.

마침 인민전선 사건에서 무죄가 확정되어 외무성 촉탁이 된 와키무라 요시타로(脇村義太郎) 씨와 이야기를 해서 항복 직전 7월에 '특별조사위원회'가 외무성 내에 조직되었으며, 그 제1회 회합이 8월 16일에 예정되어 있었다. 여기에는 외무성 이외에도 참가한 사람이 많은데, 전부 약 30명, 그 대부분이 모두 반전 지향이나 중립 지향으로 지식 계층의 세계에서는 탁월한 사람들이며, 그 다수가 평화조약 이후에 일본에서 현저한 지위를 점하게 되었다. 외무성이 1946년 9월에『일본경제 전후부흥의 기본문제』라고 제목을 붙여 공표한 이 위원회의 최종 보고서 주요 논점은 다음과 같은 것이었다.

(1) 경제민주화라는 관점에서 볼 때 특히 중요한 것은 금융기관의 민주화다.
(2) 재벌은 해체되어야 한다.
(3) 일반적으로 말하면, 경제의 중요 부분에는 계획화 원칙이 도입되어야 하며, 몇 가지 중핵 산업에 대해서는 고유화도 고려되어야 한다.
(4) 경제민주화를 향한 첫 걸음은 농업의 민주화이며, 그것을 위해서는 농지개혁이 긴급히 추구되어야 한다.
(5) 일본은 대외무역 없이는 살아갈 수 없다. 그러나 동시에 국내 자원의 정력적인 개발과 이용도 필요하다.
(6) 일본 국내의 인구과잉을 염려해서 인구 감소의 필요성을 강조한 사람이 많지만, 인구의 감소는 패배주의적인 정책이다.

▶사진 4-2. 쓰루 시게토(1912~2005년).

그리고 이 보고는 다음과 같이 말하면서 결론지었다.

"일본 경제의 기본 구조는 완전하게 개혁되지 않는 한, 이 나라를 다시 군국주의로 역행시킬 수 있는 여러 요인을 여전히 보유하고 있다. 이러한 염려를 충분히 인식한 상태에서 일본 자신 및 전 세계를 비참한 재해로 이끌었던 나치·독일의 궤적을 일본이 따르지 않도록 하기 위한 노력을 계속해야 한다."

그리고 쓰루는 '이 위원회에서 지도적인 역할을 한 것은 오우치 효에(大內兵衛), 아리사와 히로미(有沢広巳), 나카야마 이치로, 도바타 세이이치 교수 그룹이며, 보고서가 제시하고 있던 전반적인 방향은 그 성격 면에서 개량주의를 목표로 한 것이며, 특히 민주화의 필요성을 강조하고, 혼합경제형의 사회체제를 염두에 둔 것이었다' 고 그 의의를 언급하고 있다.

결국, 패전 전부터 전후 구조를 생각하는 움직임이 명확하게 있으며, 그 실현 방법에 대해서도 점령군이 개혁 방침을 구체적으로 제기하기 이전에 여러 가지로 검토되었던 것을 알 수 있다.

가타야마 테쓰(片山哲)와 일본사회당

사회운동과 정당 양쪽에 관여한 지도자의 한 예로서, 가타야마 테쓰에 대해서 살펴보자(荒川章二, 「片山哲」).

45년 11월 2일 일본사회당 결성에 대해서는 니시오 스에히로(西尾末広), 미즈타니 초사부로(水谷長三郎), 히라노 리키조(平野力三) 등 당시 의원이었던 사람들의 행동만 주목되어 왔지만, 낙선해서 변호사를 하고 있었던 가타야마 테쓰도 패전 전부터 전후를 향한 명확한 행동을 하고 있었다. 당시 가타야마의 행동에 대해서 세 가지 정도 소개하고자 한다.

첫째는 패전 한 달 정도 전에 가타야마의 제언으로 마쓰오카 코마키치(松岡駒吉), 하라 효(原彪), 와타나베 도시노스케(渡辺年之助) 등 도쿄의 우파사회민주주의자 유사(有志)들의 비밀 회합이 열려, 패전의 전망에 관한 정보 교환, 무산정당의 재발족 등에 대해 이야기를 했다(松岡英夫, 『片山内閣』).

둘째는 패전 직후 민주주의적 지식인의 자유로운 의견 교환의 장을 제공한 문화재단 '자유간담회'를 다카쓰 마사미치(高津正道, 후에 사회당 참의원 의원), 하라 효와 함께 설립·발기한 것이다(片山哲, 『回顧と展望』). 이 회의 기관지 창간호의 활동보고에 의하면, "정당정파가 어떤 것이든 상관없이" "전쟁 중에 그 사상적 입장을 잃지 않았던……민주주의자"의 회합을 조직한 것이, 패전이 '시간 문제'가 되었던 7월에 '몇 명의 동지' 사이에서 제안되어, 8월 15일 이후 공식적으로 운동 준비를 개시하고, 25일에 제1회 발기인회를 개최하였다.

아라가와가 말한 것처럼 가타야마의 회상이 사실이라고 한다면, 가타야마·하라 등은 패전 전부터 '민주주의자'의 회합을 구상하였고, 패전 후에 바로 조직화에 착수한 것이 된다. 가타야마 테쓰의 「나의 이력서」(日本経済新聞社編, 『私の履歴書』 第3集)에 의하면, 자유간담회는 많은 문화인과 지식인을 모으고, 논의는 활황을 이루어 '사회당 결성을 재촉하는 역할을 하게 되었다'라고 스스로 평가하고 있다.

셋째는 신문에서 포츠담선언의 요지를 본 가타야마가 8월 9일 비밀리에 이바라기(茨城)에 있던 가자미 아키라(風見章)를 방문하여, 소련참전 전에 고노에 후미마로(近衛文麿)를 움직여, 소련을 통해 조기에 종전공작을 개시하자고 설득하고 있었던 것이다. 이상 가타야마의 움직임으로부터 그가 반드시 패전이나 점령에 의해 행동을 한 것은 아니라는 점을 알 수 있다. 7월 26일에 발표된 포츠담선언에도 패전 후의 일본에 대한 구체적인 개혁안이 전혀 없는 상황 속에서 한 행동이었다.

2. 패전 전후의 정계 재편

제 정당의 움직임

패전 후의 자유당, 진보당, 국민협동당, 사회당, 공산당 등 제 정당의 동향에는, 이미 전시 중에 형성된 정치에서의 반도조연합, 사회에서의 총력전체제에 의해 변혁된 사회가 전제되어 있었다(제1장 참조).

따라서 '전후 정당이 전쟁기에 뿌리를 내려' '보수 본류를 형성한' 자유당의 간부를 GHQ가 공식추방해도 아무런 '영향을 주지 못했다'(伊藤隆,『昭和期の政治』)라는 평가에도 동의한다.

정당의 움직임에 대해서는 후쿠나가 후미오(福永文夫)의『전후 일본의 재생(戰後日本の再生)』,『정당연감(쇼와 22년, 政党年鑑)』, 이토 타카시(伊藤隆)의『쇼와기의 정당(昭和期の政治)』에 의거하여 살펴보자. 먼저 전후 정당 활동의 전제로서 패전 시 제국의회의 의석 분배를 염두에 두자.

패전 시 제국의회는 익찬정치회(翼贊政治会)의 후진이었던 대일본정치회(이른바 日政) 377, 익장의원동지회(翼荘議員同士会) 21, 무소속 25, 결원 43이었다. 물론 대일본정치회는 익찬선거(익찬정치체제협의회에 의한 후보자추천제도를 도입하여, 비추천 후보를 압박한 선거 — 역주)에서 추천받은 의원을 포함한 주류파이지만, 패전 전후부터 그 내부에서 신당 결성의 움직임이 있어서 재편성이 이루어졌다.

처음에 활동을 개시한 것은 의회 차원에서 생각하면, 하토야마 이치로를 중심으로 한 동교회계(同交会系)의 사람들이었다. 동교회는 반익찬, 반도조를 기치로 하여 주로 익찬선거에서 비추천으로 당선된 의원 그룹이다. 그들 안에는 자유주의자뿐만 아니라 온건한 사회주의자도 포함되어 있었는데, 45년 8월 11일이라는 이른 단계에서 아시다 히토시는 가루이자와(軽井沢)에서 하토야마 이치로를 방문하여 신당 결성을 제안했다. 하토야마는 "패전만을 기다리고 있었는데 움직이는 것이 어떨지"라고 주저했지만, 아시다는 패전하는 날 다카쓰 마사미치를 통해 가타야마 테쓰에게도 권유했다. 그리고 같은 날 아시다는 안도 마사즈미(安藤正純), 우에하라 에쓰지로(植原悦二郎) 등과 긴자의 고준샤(交詢社)에 모여 신당 결성에 대해 논의했다.

하토야마 등은 사이토 타카오(斎藤隆夫), 가와자키 카쓰(川崎克) 등 구민정당계도 포함한 반군부·반익찬을 일관한 사람들을 결집하고자 움직이기 시작했다. 바로 자유주의파 결집의 시도였다. 한편, 앞에 서술한 바와 같이 가타야마 테쓰는 8월 24일에 하라 효(原彪), 스즈키 분지(鈴木文治), 마쓰시타 요시오(松下芳男) 등과 신당 결성에 대해 협의했고, 31일에는 구사회당, 사회민중당계 간부와 무산진영통합에 관해 상의했다. 니시오 스에히로(西尾末広)는 패전하는 날에는 교토의 미즈타니 초사부로(水谷長三郎)를, 9월 2일에는 상경하여 마쓰오카 코마키치(松岡駒吉)를 방문하는 등 행동을 시작했다.

　　스즈키 모사부로(鈴木茂三郎)는 8월 16일에 가토 칸주(加藤勘十)
와 함께 도쿠가와 요시치카(德川義親) 후저를 방문하고 신당 결성을

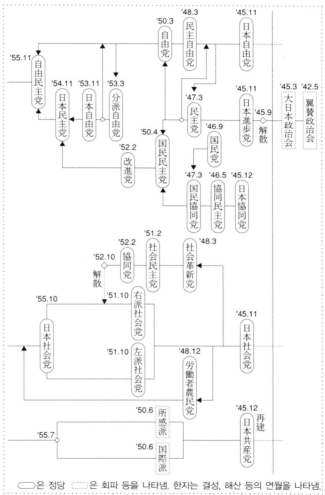

　　　　은 정당.　　은 회파 등을 나타냄. 한자는 결성, 해산 등의 연월을 나타냄.

▶그림 4-3. 전후 정당 계통 그림. 1955년의 합동에 의해 「55년체제」라고 불리우는
전후 정당의 큰 틀이 형성되었다(松尾尊允, 『国際国家への出発』, 集英社, 1993年, 157쪽
에 수록된 것을 수정).

위한 상담에 참가했다. 이 경우에 도쿠가와 요시치카가 주요 인물이었는데, 그 외에 미야케 쇼이치(三宅正一) 등 구일본노농당계 사람들은 아리마 요리야스(有馬賴寧, 사회국민주의파의 지도자 중 하나)를 추대하기 위한 움직임을 보였다.

그리고 8월 말에는 하토야마 등 자유당계와 니시오 등 사회당계 사람들이 함께 하자는 내용을 제기하였다. 하토야마는 반도조를 공통의 키워드로 싸워온 사람들이 정당을 만들려면 아예 전쟁 전의 무산정당도 포함한 진보적인 일대정당을 만드는 것은 어떨까 라고 생각해서, 니시오 등에게 제안한 것이다. '결국 여러 가지 차이도 있다는 것 때문에 정치적 여운을 남겨 놓은 채 일단 갈라지'(『西尾末広の「政治覚書」』)게 되었다.

이처럼 당시, 보수와 혁신이라는 뒤에 만들어진 축과는 다른 축의 정당 재편 움직임이 있었다는 것을 알 수 있다. 반도조라는 기치로 하나의 정당을 만든다는 움직임은 단순히 정치 상황의 문제뿐만 아니라 그들이 반총력전 체제파였다는 것과 깊이 관련되어 있다.

노동운동의 니시오 스에히로, 농민운동의 히라노 리키조는 사회주의정당이나 무산정당 안에서 함께 우파로 불리워졌지만, 총력전체제 안에서는 반총력전체제파였다. 니시오도 히라노도 마지막까지 총력전체제에 저항했다. 물론 요시다나 하토야마도 총력전체제에 반대하고 저항했다.

자본주의 사회 안에서는 노동자나 농민이 노동의 소유자로서 자본가 등과 대등하게 교섭하고 계약하는 권리를 승인할 수 있게 하는 것이 리버럴리즘(자유주의)이며, 그것으로부터 반도조연합의 기반을 설명할 수 있지 않을까. 이것은 같은 사회당계라고 해도 국방국가파인

기시 노부스케가 참가하고자 한 사회당과는 대조적이다. 총력전체제 추진 세력으로서 총력전체제의 사회 변혁이나 복지 문제를 계승한 당의 형성이라 하더라도, 그 정책은 국방국가파와 사회국민주의파를 기반으로 구상되어 있다(雨宮,「岸信介と日本の福祉体制」). 사회당은 전시에 있었던 복수의 정치 조류의 복합이다.

일본사회당의 결성

전후 정당 중에 최초로 결성된 것은 일본사회당(이하, 사회당)이다. 그 중심은 니시오 스에히로, 미즈타니 초사부로, 히라노 리키조 등 우파 사람들이다. 그들은 사회민중당, 일본노농당, 노농당 등 전전에 사분오열 상태였던 무산정당의 대동단결을 목표로 했다.

좌파의 입당에 대해서도 스즈키 모자부로라든가 가토 칸주와 같은 일본무산당계(좌파로 불린다)는 소수 세력이므로 니시오 등은 단일한 사회주의 정당을 결성하고자 한 것이다. 아베 이소오(安部磯雄), 가가와 토요히코(賀川豊彦), 다카노 이와사부로(高野岩三郎) 세 명의 대표 연명으로 초청장을 발송하여, 9월 22일에 신당결성준비회를 가졌으며, 11월 2일에 결당대회를 개최했다. 위원장은 부재였고, 서기장에는 가타야마 테쓰가 취임했다.

당시의 국회의원은 17명. 강령은 조금 추상적인 것이었는데, 다음의 세 개이다.

1. 우리 당은 국민근로계층의 결합체로서 국민의 정치적 자유를 확보함

으로써 민주주의 체제의 확립을 기한다.

2. 우리 당은 자본주의를 배척하고 사회주의를 단행함으로써 국민생활
   의 안정과 향상을 기한다.

3. 우리 당은 일체의 군국주의적 사상 및 행동에 반대하고, 세계 각 국민
   의 협력에 의한 항구적 평화의 실현을 기한다.

이외에도 일반적인 정책으로 정치, 외교, 재정, 경제, 노동, 농업,
사회, 부인, 문화 영역에 관한 71항목을 열거하고 있다(『政党年鑑(昭和
二二年)』).

일본자유당 결성

자유당계 지도자는 이미 서술한 바와 같이 당초에는 니시오 등과
도 함께 반도조, 반익찬으로 정당을 만들려고 하였지만, 그 후에 갈라
서서 하토야마 이치로를 중심으로 한 그룹이 새로운 구성원(관료, 학자,
저널리스트)을 포함한 정당을 만들려고 활동하여, 헌법학자 미노베 타
쓰키치(美濃部達吉), 작가 기쿠치 칸(菊池寛), 저널리스트 이시바시 탄
잔 등이 입당했다.

사회당의 결성으로부터 일주일 후인 11월 9일에 일본자유당(이하,
자유당)이 결성대회를 가졌다. 총재는 하토야마 이치로, 간사장은 가와
노 이치로(河野一郎)이다. 강령은 다음과 같다.

1. 자유롭게 포츠담선언을 실천하고, 군국주의적 요소를 근절하여 세계
   의 통의에 입각하여 신일본의 건설을 기한다.

2. 국체를 호지하고, 민주적 책임정치체제를 확립하고, 학문·예술·교

육·신교를 자유롭게 하고, 사상·언론·행동의 창달을 기한다.

3. 재정을 강고하게 하고, 자유로운 경제활동을 촉진하고, 농공상 각 산업을 재건하여 국민경제의 충실을 기한다.

4. 정치 도덕, 사회 도덕을 앙양하고, 국민생활의 명랑을 기한다.

5. 인권을 존중하고, 부인의 지위를 향상시키고, 성심을 다해 사회정책을 이행하여 생활의 안정과 행복을 기한다(『政党年鑑(昭和二二年)』).

자유당 강령의 특징은 진보당이나 사회당과 비교하면 '자유로운 경제활동', 즉 자유주의 경제의 주장이며, 그 위에 '사회정책'의 중시를 주장하고 있었다는 점이 주목된다. 소속 국회의원은 46명이었다.

협동주의 정당의 결성

사회당, 자유당이 비교적 빨리 신당 결성에 착수할 수 있었던 배경에는 전쟁 책임으로부터의 자유가 있었다. 그것은 그들이 전시기에 반도조, 반익찬이라는 '야당'적 입장이었으며, 점령기에 비판받을 행동이 없었기 때문이었다.

그러나 전시 중에 의회에서 절대다수를 점하였으며, 전쟁 추진력의 하나였던 대일본정치회를 전신으로 하는 일본진보당(이하, 진보당)의 경우에는 일찍부터 신당 결성이 매우 곤란하였다.

단지 전전·전시부터 압도적 우위를 그대로 유지하고 전후 정치의 주도권을 확보하고자 했지만, 구정우회계와 구민정당계 사이에서 주도권 다툼이 있었다.

자유당, 사회당이 결성되고, 나아가 총선거가 다가온다는 외압 속에서 11월 16일에 진보당 결성대회가 열렸다. 총재는 부재였고, 간사장에 쓰루미 유스케(鶴見祐輔)가 취임하였으며, 소속 의원은 273명이었다. 난항을 겪고 있었던 총재에는 12월 구민정당총재 마치다 추지(町田忠治)가 취임했다. 그 정치 강령은 다음과 같다.

1. 국체를 옹호하고, 민주주의에 철저하여 의회 중심의 책임정치를 확립한다.
2. 개인의 자유를 존중하고, 협동자치를 기조로 하여 인격을 완성하고, 세계평화 건설과 인류복지의 향상에 정진한다.
3. 자주적으로 모두 일하는 것에 철저하고, 산업 균형 아래서 생산의 왕성과 배분의 공정을 도모하고, 새로운 경제체제를 건설하여 전 국민의 생존을 확보한다.

자유당과 비교하면 협동주의적인 내용으로 협동자치를 주장하고 있으며, 전시 중의 협동주의 흐름을 명확하게 계승한 것이었다.

그리고 '선언' 중에는 '무조건항복에 의해 세력권을 상실하고……소모되고 결여된 물자로 8천만 민생을 부양하고, 막대한 전시 부담을 짊어지고 있었던 극한의 산업무역하에서 배상의무를 다해야만 하는 궁지에 추락할 것이다', 그것에 대처하기 위해서 '빈부의 현격함을 시정'하는 '철저한 사회정책', '노자연대'를 위한 '협동조직'을 주장하고 있다(『政党年鑑(昭和二二年)』)

이것은 총력전체제 시기에 추구되었던 방법을 패전 후에도 계속한 것이었으며, 미국의 뉴딜파와 공통하는 것이었다.

이상의 세 정당보다는 늦었지만 12월 18일에는 일본협동당(이하,

협동당)이 설립되었다. 이것은 후나다 나카(船田中), 구로사와 토리조(黑沢酉蔵), 이가와 타다오(井川忠雄), 센고쿠 코타로(千石興太郎), 아카기 무네노리(赤城宗徳) 등을 중심으로, 기시 노부스케를 당수로 한 기시 정당이라고도 불리워진 호국동지회를 원류로 하여, 전시하에 산업조합을 지도하고 있던 농촌 관계 의원을 모은 그룹이었다. 강령에 '황통을 호지하고, 일군만민의 본의에 입각한 민주적 정치체제의 확보를 기한다'는 것을 내걸고 '근로, 자주, 상애'를 기조로 한 협동주의에 의해 일본의 '건설을 기한다'는 특징을 가지고 있다. 이 사람들은 진보당 및 사회당이 형성된 시기에도 아리마 요리야스 등을 매개로 관계하고 있다.

왼쪽부터 이데올로기 순으로 공산주의─사회주의─협동주의─자유주의·자본주의라고 한다면, 협동주의는 좌우 양쪽에 관계하고 있다고 해도 좋을 것이다. 그렇기 때문에 사회, 자유, 진보의 여러 정당에 대해서 만주사변 이전의 정당정치가 부활한 것이며, 정치적 변화에 대해 매우 둔감한 정당이라고 이해하는 연구자가 있는데, 그들의 정당 정책은 1930년대 초두까지의 정책과는 명확하게 다르며, 그 시기에는 없었던 협동주의나 사회정책의 방침을 강하게 내세우고 있다.

그러나 미국은 주요한 정당의 움직임을 보면서, 12월 2일에 진보당 간부 나카지마 치쿠헤이(中島知久平), 오타 마사타가(太田正孝) 등을 포함한 전쟁범죄 용의자 59명을 지정한다. 그 안에 황족인 나시모토노미야 모리마사(梨本宮守正)가 포함되어 있었다는 것은 큰 충격을 주었다. 12월 6일에는 기도 코이치, 고노에 후미마로에 대해서도 GHQ 출두명령이 내려졌다.

한편, 10월 4일의 인권지령에 의해 석방된 도쿠다 큐이치(德田球

一) 등은 일본공산당재건대회(제4회 대회)를 12월 1일부터 3일간 개최하였다. 여기에서 행동강령으로 무엇보다도 천황제 타도, 인민공화국 정부의 수립을 내걸었다.

3. GHQ와 공직 추방

GHQ의 평가

GHQ 측은 이상에서 서술해 온 일본의 제 정당을 어떻게 보고 있었던 것일까.

미국 국무성 재외기관의 정치고문부(POLAD)는 10월 11일 보고서에서 '하토야마당은 자유당이라기보다 보수당이라고 명명하는 편이 훨씬 좋을 것이다. 그는 새로운 또는 혁명적인 견지를 전혀 대표하고 있지 않다' 라고 언급하고 있다. 이 평가는 전시체제 때부터 변하지 않는 자유당계의 보수적 성격에 대해 매우 핵심을 찌르고 있는 것이다.

10월 18일자 보고서에서는 진보당에 대해 '일본의 전시전체주의자 정당, 즉 대정익찬회의 직접적 계승자' 이며, '신생 일본에서 어떠한 유효한 리더십도 기대할 수 없다' 고 하였으며, 협동당에 대해서는 '일본 정치사상의 우익을 대표하고 있다' 고 논평했다. 사회당에 대해서는 '멤버와 정강의 견지에서 보면, 사회당은 현재 일본의 정치적·경제적 개혁에 대해 가장 희망을 걸고 있는 것처럼 보인다'고 높은 평가를 하고 있다(福永前揭書, 同『占領下中道政権の形成と崩壊』, 伊藤悟, 『政治顧問団(POLAD)政党報告』).

GHQ는 이즈음에 일본의 정당에 대해 아직 조사 기간 중이었지만, 이 시기의 GHQ는 비군사화, 그중에서도 무장해제, 구·군국주의자, 초국가주의자의 배제를 중심으로 한 통치 방침으로 GHQ가 생각하는 개혁을 담당할 세력을 선택하는 단계라고 할 수 있다. 전승국이 전쟁 상대의 정치적, 사회적 리더를 배제하는 것은 전쟁 행위의 당연한 귀결이다. 그러나 그 배제되어야 하는 상대의 정책과 방향이 실은 배제하는 측과 어느 정도 공통성을 가지고 있었던 것이다.

이상과 같이 점령군이 점령하기 전, 점령했다 하더라도 아직 점령을 명시하지 않은 단계에서 패전 후의 구상을 가지고 있었던 사회의 지도자, 정당인, 관료, 지식인 등이 있었으며, 점령군이 개혁을 명시한 후에도 전쟁 시기를 기반으로 해서 행동하고 있는 것을 확인할 수 있다. 정치 조류에 입각해서 말하면, 자유주의파, 반동파에 의한 반도조 연합 자체가 패전 후 전후 구상의 추진 주체이지만, 언급해 온 바와 같이 자유주의파의 일부인 하토리 등은 8·15 이전부터 움직이기 시작하였으며, 또 쇼와연구회나 가자미 아키라(風見章), 다이라 테이조(平貞蔵) 등 사회국민주의파도 같은 행동을 개시하고 있다.

선거의 연기와 공직추방령

45년 12월 17일 선거법 개정이 실행되었다. 이것은 내무 관료를 중심으로 해서 입안된 것으로 부인참정권 부여, 선거권, 피선거권 연령을 각각 20세, 25세로 내리기, 대선거구제, 제한연기제의 채용, 재일 구식민지인들의 선거권에서의 제외 등을 골자로 한 것이었으며, 모두 일본 측이 주도권을 가지고 실행되었다. 여기에서 정부는 중의원 선거법안 성립 후 즉시 해산을 단행해서 46년 1월에 총선거를 실시하기로 예정했다.

그러나 GHQ는 연기를 명했다. 그것은 의회에 구의회의 권위주의자나 전쟁 협력자가 되돌아오는 것을 방지함과 동시에, 정치적으로는 미성숙한 대중이 잘 알려진 사람들을 당선시킬 위험성에 대한 염려 때문이었다. 그런 이유로 해서 공직추방정책(퍼지)이 실행되었다.

46년 1월 4일 GHQ는 공직추방령을 내렸다. 대상은 이하의 7가지 항목에 해당하는 사람들이었다. (A항) 전쟁 범죄자, (B항) 직업군인, (C항) 극단적인 국가주의단체·폭력주의단체, 또는 비밀 애국단체의 유력분자, (D항) 대정익찬회·익찬정치회 및 대일본정치회 활동에서의 유력분자, (E항) 일본의 팽창에 관한 금융기관 및 개발기관의 중역, (F항) 점령지의 행정장관, (G항) 그 외 군국주의자 및 극단적인 국가주의자 등 7개 항목이다. 특히 G항의 결정은 GHQ에 위임되었으며, 후에 이시바시 탄잔(石橋湛山)이나 다이라 테이조(平貞蔵) 등의 추방에는 G항이 적용되었다.

당시의 시데하라 내각의 각료에도 추방 해당자가 있어서, 시데하라는 한때 총사직도 생각했지만, 결국 내각 개조로 빠져나갔다. 정계에서는 익찬선거에서 추천의원으로 당선된 사람을 추방 대상으로 했기 때문에, 진보당의 경우 274명 중 260명이 해당되었다. 남은 사람은 사이토 타카오 등 겨우 14명이었다. 자유당은 43명 중 30명, 사회당은

17명이 7명이 되었으며, 협동당은 23명 중 21명이 해당되는 상황이었다. 그 후 47년 1월에는 퍼지의 범위를 지방정계, 일반경제계, 매스컴까지 확대하여, 최종적으로는 20만 명이 넘는 사람들이 공직에서 추방되었다(福永前掲書增田弘, 『公職追放』).

이렇게 점령군은 무장해제 — 비군사화를 철저하게 실행했던 것이다.

4. 자유주의파와 협동주의파

인민전선의 제창

도시에서의 전후 생활은 공습을 당한 후의 허허벌판 속에서 시작되었다. 각지에서 전쟁고아가 생겨나 큰 문제가 되었다. 또한 농촌으로부터의 식량 전달 경로가 단절되어 심각한 식량 위기가 발생했다.

대중운동(민중운동)은 이 식량 위기 문제와 함께 매우 고조되었다. 구세력의 공직 추방의 충격과 대중운동의 고조 속에서 인민전선(민주전선)에 대한 기대가 동시에 일어나게 되었다.

1946년 1월 11일 야마가와 히토시(山川均)가 사회당과 공산당의 공동전선을 목표로 한 인민전선의 즉각적인 결성을 제창하였고, 다음 12일에는 16년동안 망명했던 노사카 산조(野坂参三)가 귀국했다. 신문도 「인민전선의 급속결성」이라는 표제어를 사용하여, 「가능한 빨리 그리고 강력하게 진정한 인민전선의 통일세력이 정치의 안정적 핵심으로 등장할 것을 요망한다」(〈朝日新聞〉, 1946年 1月 14日)고 그 결성을 재촉했다. 1월 26일에는 「노사카 산조 귀국환영국민대회」가 열렸다. 이 집회는 마치 인민전선의 깃발을 올리는 느낌이었으며, 일을 맡은 사람 중에는 이시바시 탄잔(石橋湛山), 오자키 유키오(尾崎行雄)의 이름도 보인다.

그러나 사회당은 결국 총선거 전에 독자적으로 움직여 '공산당과 공동전선'이라는 정책을 취하지 않고, 4월 총선거 후에는 '구국민주연맹'을 주장했다.

보수의 결집과 총선거

자유당은 이들 움직임에 대해서 반공을 축으로 보수 세력의 결집을 호소했다. 1월 22일에 하토야마 이치로는 민주전선에 대항하기 위해 반공연맹의 결성을 제창했다.

그러나 자유당 이외의 당은, 반공연맹 제창은 자유당의 당세 확장을 위한 구실이라고 보고 냉정한 태도를 취하였으나, 46년 1월 이

▶사진 4-4. 전쟁폐허지의 소굴 같은 집(『総合日本史』 8).

후에 대중운동의 고조 속에서 인민전선과 반공연맹이라는 이후 혁신과 보수가 되는 대항의 형태가 부상했다.

46년 4월 10일에는 전후 처음으로 총선거가 행해졌다. 유권자 수는 약 1,500

만에서 약 3,700만으로 배로 증가했으나, 그것은 여성의 참정권이 매우 큰 요인이었다. 입후보자 수는 2,770명, 그중 신인은 2,624명, 여성후보자는 79명이었다.

▶사진 4-5. 환영국민대회에서의 노사카 산조(『総合日本史』 8).

정당 수는 363정당, 투표율은 72%, 자유당이 140의석을 획득하여 제1당이 되었다. 이하, 진보당 94석, 사회당 93석, 협동당 14석, 공산당 5석, 무소속 118석이었다. 자유당이 진보당을 상회하였으며, 사회당이 5배 증가한 93석으로 처음으로 사회당이 유력 정당의 일익을 점하여, 자유당, 진보당, 사회당이 3대 정당이 되었다. 또한 공산당이 처음으로 의석을 얻어 5명이 당선되었다. 신인 의원이 372명으로 전체의 80%, 여성의원은 39명이었다. 선거법 개정과 공직 추방의 효과가 확실하게 드러났다.

맥아더는 총선거 결과에 매우 만족한 의사를 표현하면서, '인민은 지배자보다도 현명하다고 말한 것은 링컨이지만, 이 말은 일본에도 적용된다. 자유로운 의사 표명의 기회를 얻은 일본인들은 기쁜 마음으로 이것에 응했다. 그리고 좌우의 극단적인 정치철학을 배제하고 넓은 중도를 선택했다. 이리하여 민주주의는 건전한 전진을 이루었다' (外務省戦後外交記録「総理「マッカーサー」会談要旨」一九四六年四月二三日, 福永『占領下中道政権の形成と崩壊』)라고 말했다.

제1차 요시다 내각의 성립

총선거 결과, 과반수를 점하는 정당이 없었기 때문에 신정권은 연합정권이 될 수밖에 없었다. 다수파 정당에 의석을 양보한다는 헌정의 상도에 입각하여 신정권이 탄생할 것이라고 생각되었지만, 시데하라 내각은 사직하지 않았다. 이하, 가타야마 내각 성립까지의 경과를 후쿠나가의 『戰後日本の再生(전후 일본의 재생)』에 의거하여 추적해 보자.

시데하라는 서기관장인 나라하시 와타루(楢橋渡)를 중심으로 한 정계 재편성, 구체적으로는 자유당의 좌, 사회당의 우를 포함하고, 진보당 중심으로 모든 회파의 무소속을 결집한다는 작전으로 나왔다. 그 결과 4월 16일 자유·진보·사회 3당에 의한 연립을 주장했던 시데하라는 '만약 자유·진보·사회 3당연립에 의해 정치적인 안정 세력이 만들어지고, 헌법 개정이 순조롭게 이루어진다는 전망이 보이지 않는다면 무책임하게 정권을 내던지는 일은 할 수 없다'고 말하고, 진보당에 입당하여 총재에 취임할 것을 약속했다.

이 사태를 '비입헌'이라고 한 자유당, 사회당, 협동당, 공산당 4당은 시데하라 타도 4당공동위원회를 결성하여 내각 타도의 신호를 알렸다. 그런데 19일에는 후생대신 아시다 히토시가 단독 사임을

▶사진 4-6. 전후 최초의 총선거 투표 풍경(『図説 日本文化史大系』 13).

제출하여, 시데하라 내각은 4월 22일에 어쩔 수 없이 총사직을 하였다. 이후 정권의 공백이 한 달 동안 계속되었으며, 시데하라는 하토야마에게 정권 담당을 요청했다. 하토야마를 중심으로 한 자유당은 사회당, 진보당과의 연립, 특히 사회당과의 연립을 요구하게 되었다.

그러나 사회당 좌파는 '수반 아니면 야당' 이라는 결정을 했기 때문에 하토야마는 소수 단독 내각을 각오했지만, 사회당으로부터 어떻게든 각외협력만은 성립시켰다.

5월 3일에 시데하라 수상이 의회에 참석하여 차기 수반에 하토야마를 추천했지만, 4일 추방령 G항에 의해 하토야마에 대한 추방지령이 내려졌다. 이에 따라 문제는 처음으로 되돌아가 시데하라는 사회당 중심의 연립내각 방침을 내놓았다. 자유당은 하토야마의 후계를 찾은 결과, 요시다 시게루밖에 없다고 결정하여, 친영미파 외무관료인 요시다가 수상 후보로 떠올랐다. 요시다는 당초에는 취임을 거절했지만, '돈을 만들지는 않는다', '각료 선출에 개입하지 않는다', '싫어지면 언제라도 그만둔다' 는 세 가지 조건을 붙여 받아들였다.

그 사이 대중운동이 과격하게 진행되었다. 5월 1일에는 전후 처음으로 메이데이가 11년만에 열려, 도쿄 황거광장에 50만 명이 모였다. 슬로건은 "보수반동 정권 반대! 사회당을 수반으로 하는 민주인민 정권 수립!" 이었다. 그리고 5월 19일에는 쌀획득인민대회(이른바 식

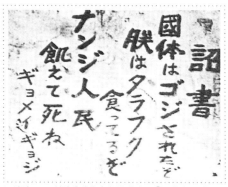

▶사진 4–7. 식량메이데이의 플래카드. 「불경죄」로 추궁당했다(『昭和二万日の全記録』 7).

량메이데이)가 열렸다. 도쿠다 큐이치 등이 수상관저로 몰려가서 두 시간 이상 앉아서 농성하는 사태가 일어났다.

어수선한 상황 속에서 5월 22일 자유당·진보당의 보수연립인 제1차 요시다 내각이 성립되었다. 오쿠라대신에 이시바시 탄잔, 농림대신에 와다 히로오 농정국장이 취임했다.

제1차 요시다 내각의 과제

이 제1차 요시다 내각의 과제는 두 가지였다. 하나는 일본국 헌법의 제정이었으며, 다른 하나는 식량 위기로부터의 탈피와 경제 재건이었다. 식량 위기에 대해서는 이미 미국의 원조에 의해 벗어난다는 정책이 세워져 있어서 헌법제정이 초미의 과제가 되었다.

46년 5월 16일, 헌법제정을 위한 제90임시제국의회가 소집되었다. 소집 시의 의석은 자유당 143, 진보당 97, 사회당 95, 공산당 6, 일본민주당준비회 38, 협동민주구락부 33, 신코구락부(新光俱楽部) 29, 무소속 단체 25였다.

협동민주구락부는 일본협동당을 중핵으로 농본당, 휴가민주당(日向民主党) 등 소당 및 무소속의원을 규합해서 5월 24일 협동민주당으로 명칭을 바꾸어 결성되었다. 후에 수상이 된 미키 타케오(三木武夫)는 일본민주당준비회를 거쳐 이 협동민주당에 들어갔다. 신코구락부는 교육계 출신의 의원을 중심으로 하는 신생동지회에 하야가와 다카시(早川崇) 등 청장년의원구락부 사람들이 가입하여 결성되었다. 9월에는 일본민주당준비회와 신코구락부의 일부가 합동해서 신생회가 결성되었으며, 이 신생회를 중심으로 9월 말에 국민당이 결성되었다. 무속속 단체에는 '헌정의 신' 오자키 유키오(尾崎行雄) 외에 도카노 사토코(戸叶里子) 등 8명의 여성의원이 있었다.

일본국 헌법의 제정

요시다는 GHQ의 헌법 초안에 대해서는 매우 불만을 가지고 있었다. 후에 그는 『回想十年』 제2권에서, 일본국헌법은 승자와 패자가 존재하고 있는 조약적인 문장이다, 그리고 헌법은 패전국과 승리국 간의 외교 결과로 만들어진 것이기 때문에 국내법이 아닌 승리국과 패전국 간의 조약이다, 따라서 헌법에는 그러한 논점도 넣어야 한다,고 주장하고 있다. 제3장에서 상세하게 서술한 바와 같이 일본국 헌법은 다양한 논의를 거쳐 약간의 수정을 가하여 중의원을 통과, 46년 11월 3일 공포되었으며 다음해 47년 5월 3일에 시행되었다. 상징천황제, 국회 국권의 최고기관화, 의원내각제 등이 결정되었다.

이때 GHQ의 민정국에서는, 신헌법제정에 어울리는 정부의 수립이라는 기준에서, 자유당과 진보당의 양대 보수정당은 기존 구체제의 부활강화, 부활온존을 도모하는 세력으로 간주하고, 사회당은 그 기준을 만족시킬 가능성이 있기 때문에 사회당을 정권 담당자의 대상이라고 생각하고 있었다(福永前揭書).

경제재건과 노동조합

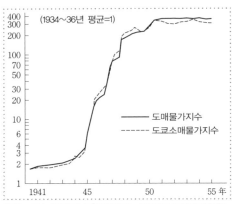

출전: 日本銀行統計局『明治20年─昭和37年卸売物価指数』,
同『大正11年─昭和42年東京小売物価指数』에서 작성

▶그림 4-8. 도매물가지수·도쿄소매물가지수. 森武麿·浅井
良夫 외, 『新版 現代日本経済史』, 有斐閣, 2002年, 64쪽.

당시 인플레이션은 멈출 줄을 몰랐다. 패전에 의해 국부가 상실되고, 영토가 축소되었으며, 해외에 있는 방대한 사람들이 일본으로 돌아오는 사태 속에서 정부는 계속해서 지폐를 발행하여 엄청난 인플레이션 상태가 되었다. 1년간의 평균 물가로 비교하면, 44년부터 49년 사이에 도매물가는 90배, 소매물가는 약 116배가 되었다. 생산은 축소 단계로 들어가서 국민생활을 타격했다. 이것이 원인이 되어 노동공세, 노동운동이 고조되었으며, 계속해서 노동조합이 결성되었다.

전쟁 전부터의 노동운동가(마쓰오카 코마키치를 포함한)들에 의해서 노동조합의 결성이 시작되었다. 물론 노동조합 재생의 움직임을 어느 정도 가속시킨 것은 점령군의 노동조합 격려 자세와, 45년 12월 노동조합법의 제정이었다.

전시 중 대부분의 공장, 사업소에 대일본산업보국회가 설치되어 있었으며, 그것이 노조로 탈바꿈한 것도 포함하여 45년 말부터 46년 봄에 걸쳐 노조 결성이 급속하게 진행되었다. 이것은 총력전체제에서 노동조합의 기반이 준비되어 있었다는 하나의 증거이다. 45년 12월에

조합원은 38만 명이었으나, 46년 6월에는 375만 명이 되었고, 같은 해 8월에는 총동맹결성대회가 열렸다. 참가조합은 2,600여 개, 조합원 86만 명으로 마쓰오카 코마키치 등 우파가 주도권을 쥐고 있었던 조직이었다.

같은 시기에 급진적인 좌파가 주도하는 산별회의(전일본산업별노동조합회의)가 발족했다. 산별은 지도자가 공산당계로 GHQ의 지지를 받아 미국의 노동조합 전국조직인 CIC처럼 산별조합, 21조합이 결집하여, 조합원 157만 명을 소유하고 있었다. 공산당의 강한 영향력하에 8, 9월에는 국철·해원(海員)의 조합이 해고반대투쟁을 전개했으며, 전산, 신문, 통신, 전탄(전일본석탄) 등에서 10월 투쟁이 시작되었다.

공산당은 정치 투쟁으로서 요시다 내각 타도, 인민공화정부의 수립을 중핵에 두었으며, 이것이 2·1 총동맹파업으로 이어졌다. 공무원 사이에 이 움직임이 확대되어 11월에는 공투(전관공청노조공동투쟁위원회)가 결성되었다. 공투는 사회당과 총동맹 등도 끌어들여 12월 17일에는 요시다반동내각타도국민대회를 개최하여 노동운동이 경제 투쟁에서 정치 투쟁으로 전환되어 갔다.

▶표 4-1. 단위조합 수·조합원 수·조직률 추이

연도	단위조합 수	조합원 수	추정조직률
1947	23,323	5,692,179	45.3
1948	33,926	6,677,427	53.0
1949	34,688	6,655,483	55.8
1950	29,144	5,773,908	46.2
1951	27,644	5,686,774	42.6
1952	27,851	5,719,560	40.3

주: 労働大臣官房政策調査部編, 『労働統計40年史』, 532쪽.
출전: 二村一夫, 「戦後社会の起点における労働組合運動」, 『シリーズ日本近現代史』第4巻, 岩波書店, 1994年, 67쪽.

연립의 모색

요시다는 이러한 상황으로부터 벗어나기 위해서 사회당과의 연립공작에 착수했다. 그는 거국일치 내각을 결성하여, 사회당과 그것을 지도하는 노동운동의 체제 내로의 편입을 진행하기 위해 46년 말부터 47년 초에 걸쳐 다양한 정치공작을 실행했다.

경제재건 문제에 대해서는 정부, 정당, 재계, 노동조합의 몇 가지 모임이 만들어졌다. 요시다 내각에서는 이시바시 대장대신 아래에서 부흥금융, 금고융자 등의 적극재정노선을 취했다. 이시바시 탄잔은 전쟁 전부터 적극재정론을 주장했는데, 그것은 인플레이션을 조장하는 정책이기도 했다. 이것에 대해서 GHQ 경제과학국은 매우 격렬한 평가를 하게 된다.

그리고 요시다는 산업 부흥의 난관이 되고 있던 석탄과 철강의 부족을 극복하기 위한 초중점적 증산을 목표로 아리사와 히로미(有沢広巳) 등 석탄소위원회의 의견을 도입하여 석탄·철강을 중심으로 한

▶사진 4-9. 이시바시 탄잔(1884~1973년)(『総合日本史』 8).

'경사생산방식'을 채용하기로 결정했다. 공산당과 산별회의는 혁명노선을 취하여, 요시다내각타도, 인민공화정부수립이라는 정권 탈취를 목표로 했다. 총동맹의 경우에는 임금 인상, 해고반대 등의 경제투쟁에서 경제동우회와 제휴해서 노사협력에 기반한 점진적 개혁에 의한 경제재건을 목표로 경제부흥회의의 설립을 추진했다. 당시

의 사회당은 경영자 단체인 경제동우회와 노동조합의 중앙 조직인 총동맹의 협조하에 경제의 민주화, 계획화, 노동자의 경영 참가, 노사협조 아래서 생산 부흥을 도모한다는 형태로 부흥회의를 그 중핵에 자리매김했다.

그리고 진보당도 소유와 경영의 분리, 노동자의 경영 참가를 인정하는 수정자본주의 노선을 취하는 것으로 사회당, 총동맹과의 거리를 좁혔다(福永前掲書). 소유와 경영의 분리, 노동자의 경영 참가, 경제의 계획화라는 경제부흥회의의 원리는 총력전체제 중에 그 원형이 거의 만들어졌던 것이다. 이렇게 해서 경제재건을 둘러싸고 국내를 중심으로 수정자본주의, 협동주의를 기초로 한 사회당, 진보당, 경제동우회, 총동맹, 민정국으로 이루어진 연합이 형성되었다. 한편, 경제정책에서 자유주의, 자본주의를 기초로 자유무역을 실현하고자 한 요시다 시게루, 자유당, 일경연, 한 때의 총평, GHQ 참모제2부(G-2), 미국 투자가로 이루어진 연합이 형성되고 있었다.

두 연합의 대결은 경제재건에서 총력전 시의 협동주의와 자유주의 대결의 재판이라고도 할 수 있다. 가령 전자를 협동주의연합, 후자를 자유주의연합이라고 하자. 전자의 우세가 가타야마, 아시다 양 내각 성립의 전제였다. 그리고 후자의 승리는 반도조연합의 재판이며, 가타야마, 아시다 내각 후의 제2차 요시다 내각으로 나타난다. 민정국은 이 협동주의 원리를 담당하는 움직임을 지지하고 있었던 것이다(雨宮,『戰時戰後体制論』). 이것은 중도내각인 가타야마, 아시다 양 내각성립의 전제이기도 했다.

좌절한 2·1 총동맹파업

민정국은 종래의 보수파를 저지하고, 또한 극좌(左는 공산당)도 억압하는 방침을 취했다. 이 문제가 2·1 총동맹파업을 둘러싼 형태로 표면화되었다. 47년 1월 1일 요시다가 노동자를 '不逞の輩(무뢰한들)'라고 언급한 것에 반발하여 1월 18일 공투(전관공청노조공동투쟁위원회)는 '2월 1일 오전 0시를 기해 총동맹파업에 돌입한다'고 선언했다. 노동운동의 급진화에 대해 47년 1월 22일 윌리엄 마컷(William Frederick Murcutt) GHQ경제과학국장은 노조 대표를 불러 비공식적으로 총동맹파업의 중지를 권고했다. 사회당과 총동맹은 전선에서 이탈하였지만, 공산당은 권고를 무시하고 총동맹파업 돌입 자세를 무너뜨리지 않았다. 전관공노와 산별은 'GHQ의 개입은 거짓이다. 있을 수 없다'라고 하여 파업을 진행했지만, 결국 1월 31일 맥아더의 명령으로 어쩔 수 없이 중지되어, 이이 야시로(伊井弥四郎) 공투의장은 "일보후퇴, 이보 전진"이라는 말을 남기고 총동맹파업 중지를 방송했다.

반요시다 공동전선

한편 그 직후 2월 6일 경제부흥회의가 결성되었다. 이것은 정치가, 노동자와 자본가, 즉 정노자(政勞資)의 반요시다 공동전선의 성립이었다.

먼저 맥아더는 총동맹파업을 실행하려고 했던 공산당은 배척하고, 그것을 저지하지 못했던 요시다에게도 불신감을 가졌다. 2월 10일의 내각 개조를 통해 요시다는 이 위기를 극복하려고 했지만, 2월 7일 맥아더로부터 '총선거의 조기 실시를 촉구하는 서간'이 도착했다. 그 것은 "지금으로부터 1년 전의 총선거 이래 일본의 기구, 경제 그리고 일본인의 생활에 매우 큰 변화를 이루었다. 따라서 다시 국민에게 자 유로운 의사를 묻는 것이 필요하다"라는 내용이었다.

3월 17일 맥아더는 '조기대일강화성명'을 내놓았다. 그는 점령 정책 중 비군사화가 종료되고 민주화도 거의 완성에 가까워지고 있다, 차기 문제는 경제부흥이기 때문에 강화가 필요하다라고 언급하고 있 다. 그는 당초부터 점령은 기껏해야 2, 3년이 한도라고 생각하고 있었 다. 그리고 일본 점령의 성과를 가지고, 48년(즉 다음 해) 가을에 예정되 어 있는 대통령선거에 출마하려는 야심이 결부되어 있었다. 그는 22 일 요시다 수상에게 경제안정본부의 확충 강화를 명했다. 현정세가 요구하는 총합적인 일련의 경제금융통제를 전개하여 급속하고 강력 한 조치를 취하기 위한 것이었다(福永前揭書).

이렇게 해서 일본 경제의 통제와 운영이 점령정책의 우선 순위를 점하게 되었다. 또한 경제부흥회의에서 자유주의가 아닌 방침이 나왔 다. 마치 뉴딜이나 총력전체제의 방식에 가까운 형태였다.

제2차 공직 추방

47년 1월 4일 민정국에 의해 제2차 공직 추방이 행해졌다. 자유 주의도 공산주의도 아닌 이후의 중도정치를 보강하는 방침에 기반한 것이었다. 제2차 추방의 경우는 부현 단계의 공직 보유자, 재계, 언론계의 지도자까지 확대하고자 한 것이며, 거기에는 지방 공직자도 대상이 되었다. 지방정치의 민주화를 위해 보수 지반의 파멸도 생각하고 있었으며, 경제 퍼지에 의해 정당과 재계의 유대를 끊으려고 한 것이었다(增田前揭書).

GHQ는 추방을 전쟁 책임 추궁에서부터 자신들이 생각하는 일본 정치의 민주화라는 목적에 맞추어 적용하고자 했다. 제2차 공직추방령의 결과, 국회의원 96명이 추방되었다. 47년 4월의 선거 전이었다. 가장 피해를 입은 것은 민주당으로 42명이었고, 그 외에 자유당 30명, 국민협동당 11명, 사회당 10명이었다.

총선거를 앞두고 자유당·진보당 양대 보수정당은 사회당·공산당의 진출을 막고, 총선거 후의 주도권을 잡기 위해 중선거구 단기제의 부활을 골자로 하는 선거법안을 추진했다. 민정국은 이 중선거구 단기제에 반대했다. 왜냐하면 이것은 지방의 보수지반을 조장하게 되기 때문이었다. 그러나 맥아더와 휘트니는 불개입 방침을 취하여, 중선거구 단기제가 성립되었다.

수정자본주의파의 승리

총선거가 예상되는 정세 속에서 47년 3월 8일 국민협동당이 결성되었다. 국민협동당은 국민당(32명), 협동민주당(42명), 무소속 단체(4명) 합계 78명이 합동해서 결성된 것이었다. 강령은,

1. 우리들은 국회 중심의 국민정치를 확립한다.

2. 우리들은 협동주의에 의해 일본 경제를 재생한다.

3. 우리들은 인도주의에 서서 세계의 평화와 문화에 공헌한다.

의 세 항목으로, '근로, 자주, 상애의 정신에 철저한 협동주의 사회를 실현한다'라고 선언했다(『政党年鑑(昭和二三年)』).

한편, 진보당 내에서는 자유당과의 합동을 탐색하는 시데하라와 이누카이 타케루(犬養健) 등 소장파의 대립이 있었으며, 47년 1월 31일의 당대회에서 소장파가 주도권을 잡았다. 그들은 3월 31일에 진보당을 해산하고, 여기에 자유당을 탈당한 아시다 히토시가 가담하고, 국민협동당으로부터도 몇 명이 참가하여 민주당이 결성되었다. 민주당은 시데하라를 최고 고문으로 추대했지만, 결국 아시다와 이누카이 등이 승리하게 된다. 자유주의파와 수정자본주의파의 보수정당이 교착된 재편이었다.

아시다·이누카이파는 민주당 내에서도 우세를 점하는 수정자본주의파가 되는데, 그 강령은 다음과 같다.

1. 우리들은 신헌법의 정신을 견지하고, 민주적 정치체제를 확립하며, 평화 국가의 건설에 긴밀한 혁신 정책을 단행한다.

2. 우리들은 종합적 경제계획에 기초하여 산업을 민주화하고, 그 급속한 부흥을 도모하며, 대중생활에 안정을 기한다.

3. 우리들은 개성의 완성을 목표로 하는 교육의 진흥을 도모하고, 종교 정조(情操)를 함양하여 대중의 교양 향상에 노력하며 세계의 문화 번영에 기여한다.

4. 우리들은 국제 신의의 회복에 노력을 기울여 세계 평화의 건설에 협력한다.

(『政党年鑑(昭和二三年)』)

이 주장은 자유당의 좌, 사회당의 우가 되어, 중도정당으로서의 이미지나 위치를 획득하게 되었다. 헌법이 제정되어 천황제를 옹호하는 것에 성공한 당시의 GHQ로부터 이후의 점령정책 전개를 담당할 세력으로 기대를 받는 정당은 민주당이 되었던 것이다(福永前揭書).

그러나 47년 총선거를 앞두고 이누카이 타케루(犬養健), 나라하시 와타루(楢橋渡), 이시구로 타케시게(石黒武重) 등 신당 결성의 중심 멤버들이 추방되었다. 그럼에도 불구하고 총선거에서는 사회당과 민주당이 약진했다.

그리고 이 시기 정당의 동향에 대해서는 천황제 존속인가 공화제인가의 대립은 신헌법으로 결말을 짓고, 그 후에는 자유주의인가 수정주의인가의 대립이 되었다는 분석도 있다(伊藤悟「「五五年体制」の形成と自由主義」). 다음 장에서 자세하게 서술하겠지만, 가타야마, 아시다 양 내각은 20년대 이래의 수정자본주의, 협동주의의 역사적 승계자였다. 전전 · 전시기 이래의 자유주의 대 협동주의의 대립은 강화부터 55년까지 자본주의와 사회주의, 개헌과 호헌, 일미안보체제에 찬성인가 반대인가를 축으로 하는 전후체제내의 보수와 혁신의 대립으로 이행한다.

제5장 중도내각의 전개와 자유주의파의 결집

최초의 '혁신정권' 내각의 수상에 취임한 사
회당위원장 가타야마 테쓰(1887~1978년).

1. 가타야마 내각의 시대

사회당 최초의 수상 선출

본 장에서는 가타야마 내각에서 제2차 요시다 내각까지를 다루는데, 그 경과에 대해서는 주로 후쿠나가 후미오(福永文夫)의 『戰後日本の再生(전후 일본의 재생)』에 의거하여 서술하고자 한다.

2·1 총동맹파업을 중지시킨 맥아더는 1947(쇼와 22)년 2월 7일 요시다 수상에게 가능한 빠른 시기에 총선거를 실시하도록 지시했다. 같은 해 4월 20일 일본국 헌법하에서 최초의 국정선거인 참의원 의원 선거가 실시되었는데, 당선자는 무소속 113명을 제외하면 사회당 47명, 자유당 37명, 민주당 28명으로 사회당이 제1당이 되었다. 이 선거 직후인 4월 25일 총선거에서도 사회당 143, 자유당 131, 민주당 124, 국민협동당 31, 공산당 4, 무소속 33명이 당선되었다. 그 결과 사회당이 제1당이 되었지만, 과반수를 넘지 못하였기 때문에 어떻게 연립내각을 조직할 것인가가 정국의 초점이 되었다.

자유당과 민주당을 합하면 과반수가 되기 때문에 보수연립의 가능성도 있었지만, 요시다 시게루는 헌정의 상도론에 따라 사회당 정권을 인정했다(吉田茂記念事業財団編,『吉田茂書翰』). 5월 9일 사회당, 민주당, 자유당, 국민협동당 4당 대표자회의가 개최되었으며, 16일에는 4당 정책협정이 성립되었다. 그중에서 자유당은 각외협력으로 전환하여 사회당, 민주당, 국민협동당의 연립이 결정되었다. 5월 20일 요시다 내각이 총사직하고, 23일 가타야마 테쓰가 수상으로 선출되었다.

　　다음 24일 맥아더는 성명을 발표하여 '가타야마 씨가 새로운 수상으로 선출된 것은 일본의 국내 정치가 중도정치를 선택한 것임을 강조한 것이다'라고 언급하고, 크리스찬 수상의 탄생을 솔직하게 기뻐했다. 케디스도 이 연립내각에 공감하면서 '헌법에 의해 인정받은 임기 4년간 또는 일본의 독립회복까지…… 정권의 자리에 머물' 것을 기대한다고 받아들였다(J.ウィリアムズ,『マッカーサーの政治改革』, 福永 前掲書).

가타야마 내각의 성립

　　6월 1일 가타야마 테쓰(片山哲)를 수반으로 하는 사회당, 민주당, 국민협동당의 3당 연립내각이 성립되었고, 각료는 사회당 7, 민주당 7, 국민협동당 2로 분배되었다. 외무대신에는 부수상격인 민주당의 아시다 히토시(芦田均), 관방장관에는 니시오 스에히로(西尾末広), 상공대신에는 미즈타니 초사부로(水谷長三郎), 농업대신에는 히라노 리

▶사진 5-1. 일본 최초의 사회당 내각이 된 가타야마. 앞 열의 왼쪽부터 기무라(木村) 내무대신·히토쓰마쓰(一松) 후생대신·니시오(西尾) 국무대신·가타야마(片山) 수상·아시다(芦田) 외무대신·사이토(斉藤)·하야시(林)·요네쿠보(米窪) 각 국무대신. 뒷 열 왼쪽부터 스즈키(鈴木) 법무대신·히라노(平野) 농업대신·도마베치(苫米地) 운수대신·사사모리(笹森) 국무대신·모리토(森戸) 문리대신·와다(和田) 국무대신·미즈타니(水谷) 상업대신·야노(矢野) 대장대신·미키(三木) 체신대신(『図説 日本文化史大系』 13).

키조(平野力三)가 입각하였고, 국민협동당에서는 미키 타케오(三木武夫)가 체신대신으로, 대장대신에는 민주당의 야노 쇼타로(矢野庄太郎, 병으로 쓰러져 후임에는 구루스 타케오〔栗栖赳夫〕)가 취임했다.

가타야마 내각의 과제는 민주화의 철저와 경제재건이었다.

민주화를 철저하게 하는 것에 대해서는 신헌법체제에 동반하는 법정비로서의 민법개정, 형법개정, 내무성해체, 경찰제도개혁, 노동성 설치 등의 기구정비가 있었다.

한편, 경제재건에 대해서는 경제안정본부(안본)와 경제부흥회의를 두 개의 축으로 하여 계획적 통제와 경사생산방식을 통해 착수하게 되었다.

가타야마 내각과 그 다음의 아시다 내각까지는 이 경제통제, 경사생산방식에 의한 경제재건이었다. 그 후 경제에서는 일경련(일본경영자단체연맹), 정치에서는 자유당의 요시다 시게루 등으로 대표되는 세력과 점령군 중에서도 냉전파, 자유주의 경제파로 불리워지는 세력에 의해 경제재건이 행해지게 되었지만, 이 시기는 바로 그 전 단계였다.

가타야마 내각은 처음 3개월은 비교적 순조로웠다. 그러나 그 후 두 가지 큰 문제에 직면하게 된다. 하나는 탄광 국가관리 문제, 다른 하나는 히라노 농업대신 문제였다.

탄광 국가관리 문제

사회당은 사회주의 관점에서 석탄 증산을 위해 어느 정도의 국가 관리가 필요(생산수단의 국유화)하다고 하여 47년 6월에 탄광국유화안을 발표했다. 그 안에 의하면 모든 탄광을 국가관리로 하여, 본사기구와 생산현장을 분리해서 국가는 본사를 경유하지 않고 직접 생산현장을 관리한다, 현장관리를 위해서 탄광마다 경영협의회를 설치하고 정부 전액투자의 석탄공단을 신설한다는 방침이었다. 그러나 그것에 반대하는 경영자 단체나 정당도 있었다. 여당 내에서도 의견은 나뉘었는데, 연립여당의 하나였던 민주당 안은 국가관리의 탄광을 경영 부진의 탄광에 한정한다, 관리는 본사 경영으로 하고 현장 관리자는 본사가 지명하며 석탄공단은 불필요하다는 것이었다.

한편, 야당이었던 요시다 자유당은 자유경제의 입장에서 비판을 강화했다. 자유당은 보수 세력의 결집, 즉 민주당과 자유당의 제휴를 생각하고 있었으며, 8월에는 각외협력의 취소를 선언하여 야당화를 진행했다.

11월 말, 탄광 국가관리 문제가 마침내 최종 결정 단계에 접어들었을 때, 보수합동을 주장하는 시데하라파가 민주당으로부터 탈당하여 11월 30일 3명으로 동지클럽을 결성했다. 자유당은 그것에 대응하듯이 신당 결성의 준비를 위해서 신정책 요강을 결정했다. 그것은 '현행통제는 필요한 최소한을 남기고 나머지는 모두 폐지하며, 남아 있는 통제도 자유를 향한 과도적 수단이라는 것을 명확하게 하는 구체적인 조치를 강구한다'는 것으로, 외자에 의존하면서 무역입국을 목표로 한 경제정책을 주장하며 가타야마 내각에 대한 비판을 강화했다(福永 前揭書). 경제적 자유주의 방향을 선명하게 드러내기 시작한 것이다. 이렇게 해서 석탄법안은 알맹이가 빠진 시한법안이 되어, 12월에 '임시석탄광업관리법'으로 공포되었다.

히라노 농업대신 문제와 GHQ

가타야마 내각 중에 히라노 농업대신은 쌀값 문제 등을 둘러싸고 와다 히로오 경제안정본부장관과 자주 충돌했다. 와다는 GHQ를 후원자로 하여 가타야마 내각의 경제정책을 리드하고 있었으며, 히라노는 내각에서도 점차 고립되고 있었다. 둘이 충돌할 때 니시오가 항상 와다를 지지했기 때문에 니시오와 히라노의 관계도 점차 소원해졌다. 히라노는 GHQ내각에서도 비판을 받고 있었다.

이런 상황 속에서 48년 1월 11일 히라노의 '새로운 정치 세력'이라는 담화가 신당 결성의 의사 표시로서 신문에 보도되었다. 이것에 호응하듯이 1월 21일에 요시다가 보수 신당 구상을 당당히

▶사진 5-2. 히라노 리키조(1898~1981년).

내놓으면서, '히라노 농업대신도 상당히 우리 노선과 가깝다'고 호응했다(增田弘, 『公職追放』).

이것은 패전 직후에 정당이 만들어질 때 전전의 동교회를 기반으로 하토야마와 히라노 등이 함께 하려고 했던 것을 재현하는 듯한 움직임이었다(제4장, 121, 122쪽 참조). 민정국은 이 일련의 사태에 대해서 격렬하게 혐오하여 히라노의 추방을 결의한다. 민정국의 입장에서 전쟁 전의 황도회에 소속되어 있던 히라노는 탐탁치 않은 인물이었다고 알려져 있다(福永前揭書, 增田前揭書).

황도회는 전쟁 중에 우가키 카즈시게(宇垣一成)계의 재향군인회 조직이었다. 당시 우가키는 기성정당 주류, 재계 주류에 가까웠으며, 반도조는 아니었지만 비도조의 위치에 있었기 때문에 상대적으로는 자유주의파에 가까웠다. 그렇기 때문에 거기에 속해 있던 히라노는 하토야마와 매우 친밀하여 자유주의적인 조류에 위치지워졌다. 게다가 히라노는 GHQ 안에서 민정국과 경쟁관계에 있는 참모 제2부(G-2)와 매우 친밀한 관계를 가지고 있었는데 그 점에서는 요시다와 같았다. 이것이 민정국을 한층 자극하게 되었다.

1월 25일 케디스(Charles L. Kades)가 휘트니의 명령으로 가타야마를 방문하여 히라노 농업대신의 파면을 요구했다. 민정국은 히라노를 추방하는 것으로 요시다를 포함한 신당운동에 쐐기를 박으려고 했다. 가타야마는 히라노가 스스로 사표를 제출할 것을 바랐지만, 히라노가 그것을 거부했기 때문에 11월 4일 헌법 제68조(「국무대신의 임명 및 파면」)에 따라 내각 비협력이라는 이유로 파면했다(福永前揭書).

가타야마 내각 총사직

연립여당 내의 이러한 분규가 사회당 좌파모반의 계기를 만들었다. 12월 중순 히라노 농상의 후임에 좌파가 추천한 노미조 마사루(野溝勝)가 아닌 중간파의 하타노 가나에(波多野鼎)가 기용된 것에 대해 12월 14일 좌파는 당내 야당선언을 발표하고 가타야마, 니시오 등 당 수뇌부와의 대결 자세를 명확하게 했다.

가타야마 내각의 모체인 사회당 내부 대립과 야당인 자유당의 신당운동에 의해 연립여당이 혼란스러운 사태 속에서 결정적으로 내각의 붕괴를 야기한 것은 0.8개월 보정예산문제였다.

이것은 전체(전체신노동조합)를 중심으로 하는 관공청 노동자의 노동공세에 대해 47년 11월에 중노위(중앙노동위원회)가 2.8개월분의 생활보조금 지급을 골자로 하는 판정을 내린 것에서 시작되었다. 이 2.8개월분 중에 2개월분은 연내에 지급되지만, 나머지 0.8개월분이 재원 문제와 얽혀 단순한 경제 문제를 넘어서 정치 문제화되었다.

0.8개월분을 어느 재원에 의해 보충할 것인가를 둘러싸고 대장성과 경제안정본부(안본)가 대립했다. 대장성은 건전한 재정의 입장에서 재원을 철도운임, 통신요금의 가격 인상에서 구하였다. 이에 대해 물가체계의 유지를 중요시하는 경제안정본부는 인플레이션에 의한 자연증수가 예상되는 소득세 수입을 재원에 충당할 것을 주장했다.

대장성의 배후에는 민주당, 안본의 배후에는 사실상 사회당이 있었다. 게다가 예산안에 대해서는 GHQ의 승인을 필요로 하는 점령하의 특수사정에 따라 담당부국이었던 경제과학국 내부의 대립도 거기에 관여하였다. 당초 안본을 대표하는 경제과학국과 교섭을 담당하고 있던 쓰루 시케토(都留重人)에 의하면, 당초 안본라인이 우세했던 것 같다. 그러나 대장성이 막판에 역전시켜서 경제과학국의 동의를 얻어 내게 되었다.

결국, 재원은 대장성 안과 같이 철도운임, 통신요금의 인상이 직접 0.8개월분으로 충당하게 되었다(福永前揭書).

좌파는 요금 인상이 대중과세로 이어진다고 하여 맹렬하게 반대했다. 사회당 서기장 아사누마 이네지로(浅沼稲次郎)가 타협안을 내놓기도 하고, 휘트니, 케디스 윌리암스(민정국국회과장) 등도 조정에 노력했다. 그 사이 사회당 좌파 스즈키 모사부로(鈴木茂三郎)가 위원장을 맡고 있는 예산위원회는 여당의 부재 속에서 대장성 안을 부결했다. 이에 따라 2월 10일 가타야마 내각은 총사직했다.

2. 아시다 중도내각의 성립

성립의 배경

가타야마 내각이 총사직하고 한 달 후인 48년 3월 10일에 아시다 히토시 내각이 성립되었다. 아시다 내각 성립의 배경에는 무엇이 있었을까.

당시 경제안정본부에 있었던 쓰루 시게토(都留重人)는 자전 『いくつもの岐路を回顧して(몇 가지 기로를 회고하며)』에서 '아시다민주당 플러스 사회당 우파' 대 '사회당 좌파'의 대립이 원래 잠재되어 있었으며, "그것은 표면적으로는 관공리에 대한 생활보조금 '0.8개월' 추가예산을 둘러싼 대립을 쟁점으로 하는 형태를 취하고 있었지만, 내실은 가타야마 내각을 대신해서 새롭게 미국의 대일정책 전환에 대응하기 쉬운 '중앙당적인' 연립내각 수립을 획책한 아시다·니시오의 정치적 공동 전략의 귀결이었다고 나는 생각한다"고 말하고 있다.

이 문제는 단순히 0.8개월분을 어떻게 할 것인가라는 문제가 아니라, 대중과세로 충당할 것인가 아니면 소득세로 충당할 것인가라는 문제로 그것은 일본의 복지국가 형태와도 관련되는 것이었다.

또한 쓰루(都留)가 자서전에서 '미국 기업가의 투자 의욕'이라 든가 '대일 자본 유입에 관심을 가지고 있던 미국 자본의 압력'이라 고 말하고 있는 것처럼 대일 투자에 관심을 가지고 있는 미국 그룹의 영향이 강했다.

민정국 차장 케디스는 일본의 정치 세력을 공산당과 극좌 세력, 초보수주의 세력(자유당), 진보적인 민주주의 세력 세 가지로 나누고 사회당 우파와 민주당 아시다파, 국민협동당 세파를 진보적 민주주의 세력으로 하여, 이들 세 당파 합동에 의한 신당의 결성을 니시오 스에 히로에게 시사했다. 이것은 그가 스스로 섬긴 루스벨트의 리더십 아 래에 있었던 미국의 민주당을 이미지한 것이었다고 한다(福永,『占領 下中道政権の形成と崩壊』).

민주당의 아시다 히토시는 48년 1월 말에 국민협동당과의 제휴 에 의한 제3세력의 결집을 계획하고 혁신적 중앙정당 구상을 발표했 다. 그것은 '거국연립'을 위하여 '건전한 혁신적 중앙정당이 중축이 되어 마음껏 정치를 지도하는 것이 가장 필요하다고 믿고 있다, 이때 국민협동당은 앞에 서술한 취지에 기초하여 중도를 걷고자 하는 정치 세력의 결집을 도모하기 위해 정치협의회를 조직하고, 이것에 우리 당 의 전면적 참가를 요구한다는 결의를 행하고, 후에 정식으로 추진한다 는 취지의 통고를 받았다, 우리 당은 의원총회의 의향을 듣고 태도를 결정하고자 한다'(〈朝日新聞〉, 一九四八年一月三一日)는 것이었다.

결국, 신당은 만들어지지 않았지만 사회당 우파, 민주당 아시다 파, 국민협동당 세 파를 합치는 구상은 형태를 바꾸어 아시다 내각을 실현시키게 되었다.

아시다 히토시 수상에 선출

2월 10일 가타야마 내각이 총사직을 하자, 요시다 자유당을 반동으로 기피한 GHQ 민정국은 아시다 내각 성립을 위해 움직였다.

2월 21일 수반선거가 실시되어 중의원에서는 아시다 216표, 요시다 180표, 가타야마 8표로 아시다가 당선. 참의원에서는 결선투표 결과, 요시다 104표, 아시다 102표였지만 중의원의 결정이 우선시되어 아시다가 새로운 수상에 선출되었다.

아시다 히토시는 1887(메이지 20)년 교토에서 태어나 도쿄제국대학 졸업 후 외무성에 들어갔다. 처음 부임지는 러시아의 상트 페테르부르크(sankt-peterburg)였다. 마침 러시아 혁명기였기 때문에 혁명을 자세하게 보고 『혁명 전후의 러시아』라는 견해록을 남겼다. 1923(다이쇼 12)년 귀국 후에 외무성 정보과장, 대사관 참의관을 역임했지만 만주사변을 기해 사직. 다음 32(쇼와 7)년 정우회에서 입후보하여 당선됐다. 전후 시데하라 내각의 후생대신을 거쳐 47년 3월 민주당 결성에 참가, 5월 총재에 취임했다.

아시다 수상 선출이라는 정세 속에서 요시다는 민주당이나 사회당 우

▶사진 5-3. 아시다 히토시(1887~1959년).

파(平野派)도 포함한 보수 재편을 기획했다. 요시다의 공작은 아시다 내각 발족 직후인 48년 3월 15일에 민주자유당이라는 형태로 결실을 맺었다. 자유당은 민주당에서 이탈한 그룹으로 결성된 민주구락부 36명을 흡수하여 민주자유당을 만들었다. 시데하라 내외에서 민주당으로부터 참가한 것은 사이토 타카오(斎藤隆夫) 등 10명에 지나지 않았지만, 의원수가 152명이 되어 제1당으로 등장했다.

국민협동당은 이 시점에서는 요시다의 구상에 동조하지 않았지만, 후에 국민민주당이라는 형태로 재생한다.

자유주의파의 대두

아시다 내각은 인플레이션 극복과 생산 증가를 목표로 노사협조 노선을 강조했다. 그러나 전관공노조에 의한 3월 투쟁이라는 노동공세를 받은 아시다 내각은 사태 수습 능력이 없어, 3월 29일의 마컷각서에 따라 GHQ의 힘에 의해 해결을 보았다.

아시다는 경제 부흥의 난관이 되고 있는 중요 물자의 수입을 외자도입에 의해 실현하고, 그것에 의해 인플레이션의 억제와 경제 재건을 촉진한다는 방침이었다.

외자도입을 위해서는 기업 정비가 필요했기 때문에 아시다는 점차 노조와의 대결 자세를 강화하고 노사협조적인 성격을 약화시켰다. 특히 이 외자도입 문제에서는 재계가 노동조합과 대항 자세를 강화하게 된다. 48년 4월 일본경영자단체연맹(일경연)이 '경영자여 바르게 강하게 되자'를 슬로건으로 전후 초기의 열세를 회복하고자 하는 움직

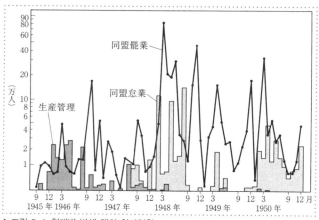

▶그림 5-4. 형태별 발생 쟁의 참가인원.
주: 1. 노동성 「노동쟁의통계」에 의함.
　　2. 1947년 7월 이전의 「동맹태업」은 생략.
출전: 山本潔, 『戦後危機における労働運動』, 御茶の水書房, 1977年, 69쪽.

임이 시작되었으며, 그 한편으로 정체되어 있던 경제부흥회의가 4월 말에 사실상 해산하게 되었다(福永前揭, 『戦後日本の再生』).

▶사진 5-5. 48년 봄부터 여름에 걸쳐 투쟁한 「오지 않는 것은 군함뿐」이라고 일컬어진 대탄압을 받은 도호쟁의(『決定版 昭和史』 13).

이 시기는 특히 외자도입 문제와 관련해서 일경연과 같은 매우 전투적인 경제적 자유주의의 움직임이 등장했다. 이것을 '머리말'의 4개 조류의 부분에서 서술한 자유주의파와 사회국민주의파와의 문제에서 말하면, 아시다 내각은 사회국민주의적인 수정자본주의파였는데 이 외자도입 문제로 미국자본, 일경연, 요시다 민자당 등의 자유주의파가 급속하게 대두하게 되었다.

노동운동과 쇼와전공사건

GHQ의 지지를 받고 있었던 산별회의 내부에서 공산당계와 민동(민주화동맹)계와의 대립이 깊어졌으며, 총동맹은 민동계를 지원했다. 48년 6월 말에 총동맹은 산별회의를 중심으로 한 전노련에서 탈퇴하여 노동운동도 산별과 총동맹과 민동 3파로 나뉘어졌다.

제4장에서 서술한 바와 같이 가타야마 내각 때에는 경제재건을 국내 중심(상대적으로 자급자족)으로 하는 수정자본주의, 협동주의에 기반한 사회당, 진보당, 총동맹, 경제동우회, 경제부흥회의라는 연합이 존재했는데, 아시다 내각도 이 노사대립 속으로 들어갔다. 그리고 예산안을 둘러싼 여당 내의 대립도 있었다.

공무원 급여의 인상을 요구하는 노동공세가 다시 거세졌는데, 7월 22일 갑자기 공무원의 쟁의를 제한한다는 맥아더 서한이 발표되었고, 이에 따라 정부는 7월 31일 정령 201호를 발표하였다. 이것은 공무원의 단체교섭권, 쟁의권을 부정하여 후에 파업권 문제의 원인이 된 것이다. 그리고 아시다 내각의 운명에 결정적 타격을 가한 것이 6월 23일에 일어난 쇼와전공사건이다.

쇼와전공은 전후의 농업 부흥에 불가결한 비료 생산에 관계하고 있는 부흥금융공고로부터 융자를 받고 있었다. 그 융자의 심사 과정에서 쇼와전공은 상공성, 경제안정본부, 부흥금융공고의 고관, GHQ의 관계자에게 뇌물을 주고 있었다. 더구나 사건이 발각되자 무마시키기 위해서 여야당 의원에서 외국인 기자에게까지 뇌물을 마구 뿌렸다.

9월에 들어서 수사가 관계, 정계에도 미쳤다. 13일에는 대장성의

▶사진 5-6. 쇼와전공사건의 재판 풍경. 앞 열 왼쪽부터 4번째가 아시다 히토시(『図説 日本文化史大系』 13).

후쿠다 타케오(福田赳夫) 주계국장, 18일에는 오노 반보쿠(大野伴睦) 자유당 간사장, 30일에는 구루스 타케오(栗栖赳夫) 경제안정본부장관이 체포되었다. 현직 각료가 체포되기에 이르자 아시다 내각은 총사직으로 기울었다.

아시다 내각의 붕괴가 불가피한 상황에서 민정국은 다시 요시다 내각 저지를 위해 움직이기 시작했고 그것이 야마자키 수반 구상이었다. 휘트니, 케디스 등이 민자당의 야마자키 타케시(山崎猛) 간사장을 추대했다.

휘트니와 케디스의 뜻을 받아들인 윌리암스가 민자당의 마스다 가네시치(増田甲子七)와 사회당의 스즈키 모사부로(鈴木茂三郎)를 불러 야마자키 수반에 대한 협력을 요청했다.

이에 대해 요시다도 반격을 개시했다. 요시다는 G-2나 외교국 등 GHQ 내에서 민정국과 대립하고 있는 부국의 힘을 빌리는 것과 함께 맥아더와의 회담에 운명을 걸었다. 맥아더는 여기에서도 역시 중립을 선언하지만, 결국 마지막에 야마자키가 스스로 의원을 사임하여 이 공작은 깨졌다. 그리고 10월에 제2차 요시다 내각이 성립하게 된다(福永前掲書).

강화, 헌법, 천황 퇴위를 둘러싸고

47년 6월부터 48년 10월까지의 가타야마, 아시다 양 내각의 시기는 맥아더가 제기한 ① 강화 문제, ② 극동위원회가 결정한 헌법 재검토(시행 후 1년 이후 2년 이내), ③ 도쿄재판의 판결에 입각한 천황 퇴위 문제의 재검토가 이루어졌던 시기이기도 했다.

①의 강화 문제에 대해서 외무성(아시다 외무대신)은 47년 7월에 미군 주둔, 기지 대여, 치안경찰력의 증강을 아이켈버거(Robert Lawrence Eichelberger) 제8군 사령관에게 건넸다(西村熊雄,『日本外交史』27). 그리고 47년 9월 미국이 오키나와를 계속 군사 점령할 것을 희망하는 「천황메시지」가 시볼트 GHQ 외교부장에게 전달되었다(進藤榮一,『分割された領土』).

②의 헌법 재검토에 대해서 극동위원회는 46년 10월 신헌법에 국민의 자유로운 의지가 표명되기 위해서 국민투표 등의 방법에 의한 신헌법 재검토의 기회를 준다고 결정했다. GHQ는 이 결정을 일본 국민에게는 전달하지 않고 47년 1월에 요시다 수상에게 서한으로 전달했다. 요시다는 이에 '내용을…… 마음에 담았습니다'라고 답장을 썼을 뿐 어떤 구체적인 조치를 취하지 않았다.

48년 8월 아시다는 양원의장에게 헌법 재검토의 논의를 국회에서 진행하도록 전했다. 양원에서는 헌법 개정연구회를 만들고, 필요에 따라 헌법 개정특별위원회를 설치하게 되었다.

민간에서도 다양한 검토가 이루어졌지만, 정부도 국회도 헌법 개정연구회의 설치를 결정했을 뿐 실제로는 설치되지 않았다. 아시다로부터 정권을 이어받은 요시다는 49년 4월 GHQ가 헌법 재검토의 기회를 부여한 사실이나 맥아더에게 답장을 쓴 것조차 묻어버렸다고 한다(古関彰一,『新憲法の誕生』, 同「吉田政策の中道内閣」).

이상의 헌법에 관한 경과를 어떻게 평가할 것인가는 어려운 문제이다. 그러나 점령하라는 한계 속에서도 미국을 포함한 연합국이 재검토의 기회를 부여한 것을 일본 측에서 재검토하지 않았다는 것은 일본 정부와 국회가 적극적인 행동 없이 일본국헌법을 공적으로 선택했다는 측면이 있을 것이다. 그러나 강화 후, 55년 총선거에서는 개헌을 저지할 수 있는 의석을 확보했다는 점에서 적극적인 행동을 통해 일본 국민이 일본국 헌법을 다시 선택했다고도 할 수 있다.

③의 천황 퇴위 문제에 대해서 GHQ는 퇴위보다도 '궁중민주화'에 의한 상징천황제의 안정화를 상당히 빠른 시기부터 생각하고 있었다. 아시다 내각 성립 1개월 후인 48년 4월 13일에 도쿄재판의 결심이 있었다. 천황의 불기소는 이미 확정되어 있었지만, 이 재판의 판결과 함께 천황은 퇴위를 해야 한다는 움직임이 있었다. 천황 자신도 '과거 수년 동안 일본의 운명을 좌우한 결정을 내린 것에 대한 책임을 느껴' 퇴위하고 싶다는 의향을 48년 6월에 주일영국 대표부의 가스코인에게 사람을 보내 전달하였으며(古関前揭論文), 궁내청도 퇴위 방법을 모색하고 있었다. 정부 내 미부치 타다히코(三淵忠彦) 최고재판관, 그리고 사사키 소이치(佐々木惣一) 교토대 교수, 정치학자 오야마 이쿠오(大山郁夫), 국제법학자 요코타 키사부로(橫田喜三郎) 등의 학자나 외국 전보도 퇴위의 필요성을 논하거나 전했다.

〈요미우리신문〉이 8월 7일부터 9일에 걸쳐 전국 3,080명(무작위 추출)에 대해 행한 조사에 의하면 천황제 존속 90.3%, 폐지 4.0%, 천황이 재위하는 편이 좋다 68.5%, 퇴위하고 황태자에게 양위한다 18.4%,

퇴위하고 천황제를 폐지하는 편이 좋다가 4.0%였다(〈読売新聞〉, 四八
年八月一五日).

그러나 결국 퇴위는 실현되지 않았다. 그 이유의 하나는 맥아더
가 천황의 퇴위를 바라지 않았기 때문인데, 48년 10월 28일 맥아더는
새로운 수상인 요시다 시게루에게 'Ab(abdication, 퇴위) 따위 결코 있을
수 없다'라고 말하고 있다(加藤恭子, 『田島道治』, 吉田裕, 「戦後改革と逆
コース」).

천황 퇴위 문제에 대해서는 천황, 천황 측근, 정치가, 학자, 그리
고 국민의 일부(퇴위하고 황태자에게 양위한다 18.4%와 천황제를 폐지하는 편이
좋다 4.0%를 합하면 22.4%)가 퇴위에 찬성하고 있다. '머리말'에서 서술한
바와 같이 상대의 자립성과 자신과의 관계성을 거부하는 무조건항복
모델에서 가장 단적인 현상은 하나의 정치체로서의 책임을 지게 하지
않는다는 것이다. 그 점에서 천황 퇴위 문제에 대한 일본인, 특히 천황
자신이나 리더들의 견해는 책임을 질 주체적 조건이 충분히 존재하고
있다는 것을 보여주는 것일 것이다.

경제 부흥 문제

이상에서 가타야마와 아시다 양 내각의 민주화 측면에 관계된 부
분을 서술했는데, 여기에서는 경제 부흥을 둘러싼 가타야마와 아시다
양 내각 시대의 움직임에 대해서 서술하고자 한다.

가타야마와 아시다 양 내각은 정치적으로는 상당히 혼란스러웠
지만, 경제 면에서는 어느 정도의 성과를 올렸다고 경제사 연구 등에

서는 일컬어지고 있다. 이 시기는 경제안정본부가 GHQ의 지시를 받아 일본 경제 재건의 중핵체로서 경제 위기에 대응하고 있었던 시기였다.

가타야마 내각의 경우에는 경사생산방식과 신물가체계를 두 축으로 하여 경제 부흥과 인플레이션 박멸에 착수하였으며, 석탄 생산은 목표인 3,000만 톤을 달성했다. 48년에는 광공업 생산이 5~6할이나 상승했다. 전쟁 전인 1934~36년에 6할을 넘었었다.

49년 4월 도지 라인(인플레이션을 진정화시키기 위한 재정금융 긴축정책)이 실시되기 직전인 3월의 공업 생산을 보면, 전전기의 77.5%까지 회복하고 있다. 그렇지만 인플레이션은 쉽게 수습되지 않았다. 도지 라인이 시작되기까지 연 2배가 되는 높은 수준을 계속 유지하였고, 신물가체계의 파탄은 노동조합의 반발을 초래했다.

48년 3월에 성립한 아시다 내각은 점령정책의 전환에 입각하여 미국의 원조에 의한 통화안정을 목표로 노력했다. 일본 정부와 GHQ는 생산 확대를 우선하여 물가의 안정은 생산의 증대가 어느 정도 실현된 단계에서 조정하면 된다고 하는 이른바 중간안정론을 취했다. 그러나 한편에서는 생산의 감퇴를 각오한 상태로 긴축정책을 취하여 인플레이션을 일거에 안정시키고, 그 위에 본격적인 생산 부흥을 도모한 일거안정론이 강해졌다. 48년에는 중간안정론과 일거안정론과의 사이에서 격한 논쟁이 전개되었다.

중간안정론은 48년 6월에 안본시안 형태를 정부시책으로 검토한 것이다. 외자도입을 발판으로 하여 기업의 합리화를 실현하고, 49년 말부터 50년 초에 단일 환율을 설정하여 국제 경제와의 연동을 회복하고자 한 안이다. 특히 그 경우에 외자와의 관계에서 미국의 원조를 받기 위해서는 그 전제로 자본의 안정을 도모할 필요가 있다는 것이었다.

이 중간안정론과 일거안정론에 결론을 지은 것이 48년 12월 18일에 GHQ에서 제출한 경제안정 9원칙이다. 이것은 일거안정론에 가까운 것이었는데, 그 실시를 위해서 일본에 온 도지(Joseph Morrell Dodge)에 의해 취해진 초긴축정책이다. 9원칙은 ① 정부 세출의 소멸에 의한 내외균형예산의 달성, ② 징세의 강화, ③ 금융기관융자의 억제, ④ 임금안정계획의 입안, ⑤ 물가통제의 강화, ⑥ 외국무역·환율의 통제강화, ⑦ 배합제도의 효율화, ⑧ 국산원료·제품의 증산, ⑨ 식량통제의 효율화 9개 항목이다.

그리고 48년 11월에는 GHQ에서 기업이 정부로부터 적자융자나 가격차보급금을 얻어 임금 인상을 행하는 것을 금지하는 임금 3원칙이 나왔다(森武麿·浅井良夫, 『新版 現代日本経済史』).

3. 냉전과 점령정책의 전환

요시다 시게루의 재등장

강화에 대해 일본 외무성에서는 1945년 11월부터 시게미쓰 마모루(重光葵), 아시다 히토시(芦田均) 등(각각 외무대신 경험자)의 조언에 입각하여 사무 단계에서 검토를 시작했다. 제1차 세계대전의 베르사이유조약에서처럼 독일의 전철을 밟는 일이 없도록 하려는 배려로 이끌어낸 결론은 전쟁 직후에 구 적국에 대한 적개심, 증오, 복수심이 아직 강하게 남아 있는 단계이기 때문에 결코 서둘러서는 안 된다는 소극적 반응, 대응이었다. 안전보장 면에서도 일본을 국제법상의 영세중립국으로 하여 국제연맹에 의한 안전보장을 요구한다는 것이다(細谷千博 『サンフランシスコ講和への道』, 渡辺昭夫·宮里政玄 『サンフランシスコ講和』).

47년 2월 파리에서 강화회의가 열려 연합국과 이탈리아, 동북유럽 4개국(헝가리, 불가리아, 알마니아, 핀란드)과의 사이에서 강화가 성립되어, 그 다음은 일본과 독일이라는 기대가 높아졌다. 그런데 그 1개월 후인 3월 12일에 냉전의 시작이라고 일컬어지는 트루먼 독트린이 발표되었다.

트루먼은 '지금이야말로 세계는 두 개의 생활양식에 의해 분단되어, 거의 모든 국가의 인민에게 어느 쪽이든 한 쪽을 선택할 것을 요구하고 있다' '직간접의 침략에 의해 국민에게 강제된 전체주의체제'에서 '자유로운 제도와 국가적 독립'을 지키기 위해서 '자유로운 모든 국민을 원조하는 것이야말로 그 정책이 되어야 한다고 믿는다'고 말하고, 터키와 그리스에 대한 군사원조를 발표했다. 그 5일 후인 3월 17일 맥아더의 조기강화성명이 발표되었다.

47년 6월에는 마셜플랜이 발표되어 미국의 자본을 투입하여 유럽 부흥을 원조한다는 방침이 제시되었다, 한편 GHQ가 아닌 미국 정부에서는 국무성극동부장 휴 보튼(Hugh Borton)을 중심으로 대일강화안이 완성되어 갔다.

그 요점은 일본군국주의 부활의 방지이며, 그를 위해 경제 외의 많은 부분에서 '예방조치'가 요망되며, 그 실시를 감독하기 위하여 극동위원회 각국 대표들로 이루어진 대사회의(大使會議)가 강화 후에도 25년간에 걸쳐 '감시'하는 등 '엄격한 평화'를 일본에 강요하는 내용이다. 일본군국주의에서 어떻게 자신들을 지킬 것인가가 안전보장을 우선한 이 대일강화안의 과제였다.

미국 정부의 점령정책 전환

47년 7월 국무장관 마셜(George Catlett Marshall)은 극동위원회 11개국에게 8월 19일에 대일강화예비회의를 개최할 것을 제안했다. 그러나 소련은 미영중소 4개국외상회의에서의 처리를 제안하며 미국안의 3분의 2 다수결방식을 거부하였다. 중국도 여기에 동조하였으며, 영국은 영연방의 캔버라회의와 일정이 중복된다는 이유로 출석이 곤란하다는 것을 전하였다.

이렇게 극동위원회와 전승국 사이에도 확실한 합의가 아직 없었지만, 미국의 내부에서도 대일강화에 대한 합의가 있었던 것은 아니다. 결국 예비회의는 4개국이 모두 모이지 못하고 무산되어 일본의 기대는 무너졌다. 강화는 그로부터 4년, 패전으로부터 6년을 기다려야만 했다. 47년 단계에서의 조기강화의 움직임은 끝났지만, 미국 내부에서는 점령정책의 전환이 일어나고 있었다.

그 전환은 미국 납세자의 부담 소멸과 냉전의 논리에 의한 전환이었다(福永前揭書). 전자는 점령이 길어짐에 따라 점령 비용을 전승국이 부담하는 특히 미국의 납세자가 부담하는 사태가 계속되는 것에 대한 배려이다. 납세자의 부담을 경감한다는 관점에서 점령정책의 재검토가 요구되었던 것이다.

이것은 세계의 안정화를 위해 구 적국인 일본과 독일의 공업력을 아시아나 유럽의 부흥을 위해 이용하고자 하는 움직임으로 이어졌다. 이 정책을 리드한 것은 실업계에서 새롭게 육군차관에 취임한 윌리엄 드레이퍼(William Henry Draper)이다. 47년 9월 드레이퍼가 일본에 도착하여, 점령 목적을 "개혁"에서 일본의 경제적 자립화로 기어체인지

해야 한다는 것을 언급했다(福永前揭書).

이 문제에 대해서는 당시 경제국 고문이었던 S. 파인에게 필자가 인터뷰했을 때도, 파인이 해야 할 일은 미국의회의 점령 비용 경감의 요구에 대해서 얼마나 점령 비용이 필요한가를 설득하는 것이었으며, 그것이 대체로 47년 정도부터 매우 어려워졌다고 말했다(1994년 8월 22일). 납세자의 논리가 확실하게 나타난 것이다(雨宮昭一, 『戰時戰後体制論』).

냉전의 논리

또 하나는 소련을 봉쇄한다는 냉전의 논리였다. 이것은 미국의 외교관 조지 케난이 제창자로 유명한데, 케난은 46년 2월에 '소련과 자본주의와의 항구적 평화는 있을 수 없다'고 하는 보고서를 미국 정부에 보냈다. 그것은 처칠 영국 수상의 이른바 철의 장막 연설이 이루어지기 1개월 전의 일이다.

케난은 전승국이 패전국을 함께 경계한다는 보튼안(Hugh Borton)을 미소협조라는 '대전외교'의 틀에 입각한 것이라고 하여 '냉전외교'의 입장에서 비판했다. 이와 관련하여 필자는 이 시기 이후의 국제체제는 '대전회교'에서 '냉전외교'로의 이행이 아니라 병행으로 보고자 한다.

47년 10월 케난은 조기강화에 반대하고, 일본 경제의 부흥을 꾀하여 공산주의 세력에 대한 저항력을 가지는 경제적, 사회적 체질을 준비할 필요가 있다고 주장했다. 점령정책을 종래의 노선에서 전환하여 일본을 '우호국, 신뢰할 수 있는 동맹국'으로 재건해야 한다고 말하고 있는 것이다.

이후 대일강화의 주도권은 미국 국무성의 극동국으로부터 케난이 이끄는 정책기획부(PPS)로 이행한다.

그러나 맥아더가 이들의 움직임에 바로 보조를 맞춘 것은 아니다. 48년 3월에 이어서 케난과 드레이퍼가 일본을 방문한다. 그들에게 맥아더는 경제 부흥에 대해서는 이의 없이 동의했지만, 재군비에 대해서는 받아들이지 않았다. 그에 대해 3가지 이유를 들어서 강하게 반대하고 있다.

첫째는 아시아 국가들로부터의 반발을 초래할 우려, 둘째는 점령의 목적 자체에도 반한다는 것, 셋째는 일본인 자신이 전쟁에 호소하는 것을 헌법에서 금지하고 있다는 것이다.

케난의 주장은 국무성, 육군성, 맥아더와의 협의를 거쳐 미국의 국가안전보장회의 문서 「대일정책에 관한 권고」(NSC13/2)로 결실을 맺었다. 그것은 대일강화의 연기와 점령정책의 중점을 경제 부흥으로 이행한 것이었다. 미국이 일본의 경제와 안전보장에 대해 장기에 걸쳐 관계한다는 것을 전후 처음으로 그리고 정식으로 결정한 것이다 (福永前揭書).

「대일정책에 관한 권고」를 일본 측에서 담당하는 주체로서 바로 요시다 시게루가 등장하여, 미국의 대리인이 되었던 것이다. 미국의 점령정책 전환은 재등장한 요시다 시게루가 짊어지는 형태로 전개하게 된다.

제2차 요시다 내각의 성립

요시다는 제1차 요시다 내각 퇴각 이후 가타야마, 아시다 양 정권의 기간 중에 다양한 형태로 권력 기반을 충실히 했다. 인적으로는 47년 여름에 사토 에이사쿠(佐藤栄作)를 영입하고, 이케다 하야토(池田勇人), 하시모토 류고(橋本龍

▶사진 5-7. 제2차 요시다 내각각의 풍경(『図説 アメリカ軍が撮影した 占領下の日本』).

伍) 등 28명의 관료를 자유당에 입당시켰다.

동시에 이 47년 여름 전후로 「대일정책에 관한 권고」가 승인되었다. 48년 10월 7일 아시다 내각이 총사직하자, 10월 19일 제2차 요시다 내각을 성립하여, 소수여당 상태를 극복하고자 12월 23일 중의원을 해산했다.

극동국제군사재판

48년 12월 12일 극동국제군사재판은 A급 전범 25명에 대해 도조 히데키(東条英機), 히로타 코우키(広田弘毅) 등 7명에게 교수형, 기도 코이치(木戸幸一), 히라누마 키이치로(平沼騏一郎) 등 16명에게 종신 금고, 도고 시게노리(東郷茂徳), 시게미쓰 마모루(重光葵)에게 각각 금

▶사진 5-8. 도쿄재판법정전경(『図説 日本文化史大系』 13).

고 20년과 7년의 판결을 언도했다. 마쓰오카 요스케(松岡洋右)와 나가노 오사미(永野修身)는 병사, 오카와 슈메이(大川周明)는 머리가 이상해져 재판장에 참가하지 못했다. 기시 노부스케(岸信介) 등 제2차 A급 전범용의자들은 교수형이 집행된 후 24일에 석방되었다. 이 석방은 냉전체제의 진행에 직접 관계되어 있었다. 전쟁 책임보다도 냉전에 도움이 될 반공주의를 평가하는 것이 미국 정부의 의도였다. 그 의미에서 기시 등은 냉전체제의 수혜자이다.

▶사진 5-9. 석방된 기시 노부스케. 오른쪽은 동생 사토 에이사쿠(1948년 12월 24일).

49년 1월 23일에 총선거가 실시되었다. 쟁점은 경제 부흥 문제가 중심이며, 요시다의 여당인 민자당은 생산 제일주의 아래에서 감세, 통제의 철폐, 공공사업비의 증액, 행정정리를 공약으로 세웠다. 그러나 그것은 경제안정 9원칙과는 상당히 동

떨어진 것이었다. 민주당은 외자도입을 위한 법인세의 감세를 설득하는 한편, 석유산업의 국유화를 제외하고 사회화(생산수단의 사유가 아니라 국가도 포함한 공적인 소유)에 반대의 의향을 보였으며, 사회당은 감세와 최저임금제의 확립과 사회화를 내걸었다.

투표율이 74%에 달한 총선거 결과는 일반적인 예상을 훨씬 넘어서 민자당이 승리했다. 여당인 민자당은 264의석을 획득하여, 전후 처음으로 단독 과반수를 제압했다. 민주당은 90에서 69로, 사회당은 111에서 48로, 국민협동당은 29에서 14로 감소하여 민주당, 사회당, 국민협동당 3당은 참패했다. 한편, 공산당은 4의석에서 35의석으로 약진을 달성했다.

이 선거에서 가타야마 테쓰(片山哲), 니시오 스에히로(西尾末広), 히토쓰마쓰 사다요시(一松定吉), 다케다 기이치(竹田儀一) 등 관료 경험자가 함께 낙선했다. 가타야마, 아시다 양 내각의 정치 지도의 서투름, 잇따른 스캔들, 비리, 호전되지 않는 경제 정세가 요시다의 민자당에 유리하게 작용한 것이다. 그리고 이 선거에서는 민자당에서 사토 에이사쿠 운수차관, 이케다 하야토 대장차관, 마에오 시게사부로(前尾繁三郎) 대장성주세국장, 오카자키 카쓰오(岡崎勝男) 외무차관 등 고급 관료가 당선된 것이 특징의 하나이다. 협동주의 연합의 패배와 자유주의 연합―재판 "반도조연합"―의 승리이다.

맥아더와 요시다 시게루

이 선거 결과는 민정국 멤버를 낙담시켰으며, 워싱턴에 귀국한 케디스는 실망한 나머지 일본에 다시 돌아오지 않았다. 요시다는 더욱 안정을 위해 기정방침대로 민주당에 연립을 적극 요청했다.

49년 2월 16일 제3차 요시다 내각이 성립되었다. 그 후 이 내각으로의 입각, 여당화를 둘러싸고 3월 26일에 민주당은 연립파 41명, 야당파 66명으로 분열되었다.

맥아더는 연두연설에서 "이제야말로 일본부흥계획의 중점이 정치에서 경제로 이행했다"고 알리고, 민주화의 종료와 9원칙의 실시를 강조했다. 이 9원칙의 실시를 감시하기 위해서 디트로이트 은행 은행장이었던 고전적 자유론자로 알려져 있는 조셉 도지가 일본에 도착했다(福永前揭書).

4. 도지 라인과 사회 재편

9원칙의 실시와 결말

도지는 트루먼으로부터 GHQ를 넘어선 지휘권을 휘두를 수 있는 승인을 얻었다. 이것은 맥아더가 거의 전권을 휘두르고 있었던 점령의 양태가 미국 본국에서 이제는 용인되지 않는다는 것을 상징하고 있었다. 도지는 기자회견에서 '일본 경제는 죽마(대나무에 다리를 얹을 받침을 붙이고 그곳에 올라타 노는 놀이기구 – 역주)의 두 다리 위에 올라타 있다. 하나는 미국으로부터의 경제원조이고, 다른 하나는 재정으로부터의 대량의 보조금이다. 이 죽마를 떼어내야 한다. 너무 높은 죽마에 타고 있으면 떨어져서 목뼈를 부러뜨릴 우려가 있다' 고 말했다.

▶사진 5-10. 도지(1890~1964년).

도지는 일본 정부에 적어도 3개의

엄격한 요구를 제안했다. 첫째는 일반회계뿐만 아니라 특별회계도 포함한 총예산의 균형, 둘째는 보급금의 전폐, 셋째는 부흥금융공고(復興金融公庫)의 신규대출의 전면 정지였다.

민주자유당의 감세, 보급금의 증액 등 선거공약도 모두 도지에 의해 거절당했다. 이케다 하야토 대장대신 등이 여당의 강한 불만을 받아들여 끈질기게 교섭했지만, 도지는 전혀 받아들이지 않고 결국에는 스스로 작성한 예산원안을 제출하고 그 실시를 요구했다.

일본은 감세 없음, 보급금 전폐, 공공요금의 인상, 국철 등 공무원 23만 명의 해고 등을 내용으로 하는 균형예산과 교환조건으로 1달러 360엔의 단일환율을 약속받고, 국제 경제로의 복귀를 인정받았다. 요시다는 '이것이라면 받아들이는 편이 득책이다'라고 판단한 것이다. 그리고 1949년 6월 요시다는 경제안정본부가 입안한 「경제 5개년 계획」의 기본적인 사고가 아우타르키(Autarkie)경제, 즉 자급자족경제이며, 국제 감각을 결여하고 있다고 하여 재검토를 지시한다. 그리고 9월에는 계획의 공표도 정식으로 금지했다(福永前掲書).

이것은 매우 재미있는 문제이다. 경제 부흥을 포함해서 요시다 내각은 여전히 경제안정본부를 활용하고 의지하고 있었다. 경제안정본부 등의 주요한 세력은 전쟁 전의 만주관료나 국방국가파 사람들이 사실상 경제정책안을 만들어 왔는데, 요시다는 그것을 국방국가파적인 발상이라고 치부하고 그것과는 다른 수출 진흥에 의한 경제의 발전을 도모하여 통상을 주장한 것이었다.

이즈음에서 자유무역에 기초한 자유주의 모델을 주장하는 내외의 자유주의파가 대두하는 사태에 주목하고자 한다. 그것은 요시다 등이 한동안 함께 행동했던 전시 중의 국방국가파의 자급자족적이면서 국내 개발을 포함한, 전쟁 전의 식민지 제국 안에서의 경제개발모델을 거부한 것이다. 그것이 GHQ나 국무성 안의 냉전파와 연계하게 되었다. 민주당, 국민협동당, 사회당 우파와 미국 뉴딜파의 협동주의 파(총력전체제 형성기의 사회국민주의파, 국방국가파)에 대한 민자당, 미국 재계, 일본 재계, 국무성 자유주의파 연합의 반협동주의 운동의 성공이라고 말해도 좋을 것이다.

도지 라인은 확실히 자유경쟁을 부활시켜 경제의 합리화를 꾀하고 무역입국의 기초를 다지는 것에는 도움이 되었다. 경제사의 나카무라 타카후사(中村隆英)의 '장기적으로 봐서 일미 양국 간의 긴밀한 경제 관계의 기반을 준비하는 것이었다'(『昭和史』 II)는 평가도 될 수 있는 것이다. 그러나 이것은 당시의 단계에서는 극약이기도 했다. 기업정리, 행정정리의 폭풍이 이미 격심한 디플레이션 상황에 빠지고 있었던 일본 경제를 더욱 악화시켰다.

49년 2~12월 사이에 8,814개의 기업정리가 행해져 43만 5,468명의 노동자가 해고되었다. 그리고 5월 31일에는 행정기관직원정원법이 성립되어 27만 명에 가까운 관공노동자가 해고되었다. 불경기, 해고, 시모야마사건(下山事件, 1949년 7월 국철 총재 시모야마 사다노리[下山定則]의 시체가 조반선 철로에서 발견된 사건 – 역주), 미타카사건(三鷹事件, 1949년 7월 15일 밤 중앙선 미타카 역에서 무인전차가 폭주하여 사상자를 낸 사건 – 역주), 마쓰가와사건(松川事件, 1949년 8월 17일 동북혼선 마쓰가와 역 부근에서 일어난 열차 전복 사건 – 역주) 등 원인불명의 사건이 계속 발생하여 사회 불안이 야기되는 사태도 있었다(福永前揭書). 그러나 민수산업에서 군수산업으로의 재전환과 도지 라인에 의한 움직임은 아직 결탁하지는 않았다(雨宮,『戰時戰後体制論』第七章).

모리토·이나무라(森戸·稲村) 논쟁

같은 시기 사회당이나 공산당의 동향은 어떠했을까. 총선거에서 가타야마, 니시오가 낙선한 사회당에서는 49년 4월에 대회가 개최되었다. 의사는 가타야마, 아시다 양 내각을 어떻게 평가할 것인가에서 시작하여 당의 재건을 둘러싼 이른바 모리토·이나무라(森戸·稲村) 논쟁이 전개되었다.

사회당 좌파의 논객 이나무라 준조(稲村順三)는 가타야마, 아시다 양 내각은 사회주의 혁명의 시점에서 극도로 기회주의, 편의주의였다는 부정적인 견해를 내놓았다. 이에 대해 양 내각에서 문부대신을 역임했던 모리토 타쓰오(森戸辰男)는 우파를 대표해서 사회당은 국가 재건에 관련해서 제1당으로서 좌우의 협공 속에서 방관자가 아닌 자립 재건을 향한 일정한 역할을 다했다고 평가했다.

또한 사회주의 실현에 대해서도 모리토는 점진적, 단계적, 건설적, 평화적인 프로세스를 통한 실현을 주장하였다. 이에 대해 이나무라는 평화적 이행에 이견은 없다고 하면서도 실력에 의해 비민주주의 세력을 어쩔 수 없이 추방해야 한다고 주장했다.

당의 성격에 대해서 이나무라는 자본가계급, 상층관료, 대지주 등과 투쟁하는 노동자 중심의 근로대중의 정당이며, 계급정당이어야 한다고 말했다. 이에 대해 모리토는 인간의

▶사진 5-11. 직업안정소에 몰려들어 일자리를 요구하는 실업자 무리(도쿄. 이타바시, 藤原彰, 『大系 日本の歴史』 15).

역사는 결코 계급투쟁의 역사만은 아니며, 어디까지나 근로대중의 앞에 개방된 모든 당원은 평등하며, 제도상·조직상 어떠한 계급의 헤게모니도 허용해서는 안 된다고 주장했다.

이 논쟁은 '국민정당인가 계급정당인가'라는 대립이었다. 결국 계급적 대중정당이라는 형태로 타협했지만, 우파와 좌파의 대립은 그 후에도 응어리져 계속되었다.

좌파의 진출을 지지한 것은 2·1 총동맹파업 후에 결성되었던 민동에 모인 노동자들로 그 사이 그들은 사회당에 입당하기 시작했다. 단, 사회당은 재건 논쟁에 얽매여서 도지 라인하의 불황, 해고를 어떻게 할 것인가 하는 문제에 대해서는 결코 명확한 대안을 내놓지 못했다. 그리고 50년 1월 제5회 당대회에서 좌우의 대립을 계기로 사회당은 분열하지만, 지방조직까지 끌어들이지는 않았기 때문에 4월의 제6회 임시당대회에서 다시 통일되었다.

이때 전면 강화, 중립 견지, 군사기지 반대의 평화3원칙을 정식으로 결정했다. 이것은 제1차 분열과 재통일이었으며, 제2차 분열은 머지않아 강화와 안보조약을 둘러싸고 일어났다(福永前揭書).

약진한 공산당

공산당은 선거에서 크게 약진했다.

도쿠다 큐이치는 메이데이에 '공산당은 9월까지 요시다 내각을 무너뜨리기 위해서 대운동을 전개하고 있다'고 말했는데, 이것은 이른바 '9월혁명설'로 보도되었다. 이때 코민포름(공산당정보국)에 의한

▶사진 5–12. 약진한 공산당 간부들. 중앙은 도쿠다 큐이치(德田球一) 서기장, 그 오른쪽 노사카 산조(野坂参三) 의장(藤原彰,『大系 日本の歴史』15).

▶사진 5–13. 코민포름 기관지. 『영원한 평화를 위하여, 인민민주주의를 위하여』.

일본공산당 비판이 공산당을 격렬하게 덮쳤다.

공산당은 전후 노사카 산조의 '점령하 평화혁명' 노선과 '사랑받는 공산당'을 슬로건으로 국민의 지지를 얻고자 했는데, 코민포름 기관지가 50년 1월 노사카 이론을 '일본의 제국주의적인 점령자 미제국주의를 찬미한다. 따라서 일본 인민대중을 기만하는 이론이다'라고 전면 부정하고 무력혁명을 시사한 것이다.

이 결과, 공산당은 어떻게 되었는가. 노사카를 지지하는 도쿠다 큐이치 등 주류파와 코민포름에 동조한 시가 요시오(志賀義雄), 미야모토 켄지(宮本顯治) 등 반주류파로 나뉘어 싸웠다. 주류파는 코민포름의 기사에 대해 '반드시 그렇지는 않다'는 소감을 발표한 것에서 소감파로 불리워졌으며, 반주류파는 그것에 따른다는 점에서 국제파로 불리웠다.

한편, 동시에 이 시기에 코민포름과 대조적으로 미국, GHQ, 일본 정부가 공산당에 대한 경계감을 드러내기 시작했다. 이것은 바로 국내 냉전체제의 하나의 모습이지만, 49년 4월 4일 정부는 원래 군국주의단체의 해산을 명령한 칙령 101호를 개정하여 단체 등 규정령을 공포한다. '극단적인 국가주의적 단체' 뿐만 아니라, '반민주주의적인 단체'의 단속도 행하려고 했다. 금지되어야 하는 단체가 우에서 좌로 이행한 것이다.

다음 해 50년 5월 3일 맥아더는 헌법기념일의 성명에서 공산당의 활동을 비판했다. 6월 6일에는 공산당 중앙위원 24명의 추방을 지령하고, 26일에는 기관지 『아카하다』의 발행을 30일간 정지했다. 도쿠다 등 주류파는 지파로 잠입하여 비합법적인 활동을 전개하게 되었다. 국제파로 불리는 미야모토 켄지(宮本顕治) 등도 내외의 반제국주의 세력을 강화해야 한다고 하였으며, 전면강화론에 대해서는 어느 쪽에도 속하지 않는 중립정책으로는 평화와 안전을 보장할 수 없다는 입장을 나타냈다(福永前揭書, 雨宮前揭書).

이렇게 해서 국제파와 소감파로 분열되었는데, 소감파는 '민주민족해방'을 슬로건으로 무장투쟁을 향해 돌진했다. 55년 제6회 전국협의회에서 신방침을 채택하여 대립을 해소할 때까지 공산당은 잠시 의회에서 모습을 감추었다.

50년 6월 25일에 한국전쟁이 발발하자 맥아더는 언론기관의 레드퍼지를 권고하고, 9월 1일 정부기관의 레드퍼지가 각의에서 결정

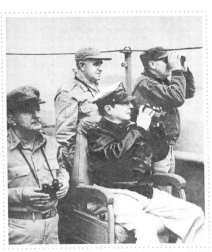

▶사진 5-14. 한국전쟁에서 작전을 지휘하는 연합국 최고사령관 맥아더(『図説 マッカーサー』).

되어 공산당 관계자의 추방이 이루어졌다.

노동운동의 재편

2·1 총파업 중지 후, 산별회의는 계속 쇠퇴의 길을 걸었다. 공산당의 노조지배에 대한 내부의 반발이 민주화 동맹을 결성하게 하였으며, GHQ와 정부의 공격이 쇠퇴의 길을 촉진했다.

특히 48년 3월 GHQ의 개입, 도지 라인 후의 인원 정리로 공산당원이 대량으로 해고된 것은 산별세력을 약화시키는 역할을 하였다. 같은 해 3월 호소야 마쓰타(細谷松太)가 산별민주화운동을 제창하면서 공산당 지배로부터의 탈피를 요구했다. 그리고 산별 산하의 조합에서도 반공민주화운동이 계속 확산되었다.

한편 총동맹에서는 마쓰오카 코마키치(松岡駒吉) 등 우파 지도부에 대한 불만이 높아졌다. 48년 10월 대회에서 회장에 마쓰오카가 재선되었지만, 총주사에 좌파의 다카노 미노루(高野実)가 선출되었다. 다카노와 호소야는 49년 2월에 민주적인 노조의 결집을 목표로 전국노동조합회의 결성준비회를 발족시켰다.

다음 해 50년 3월 총평결성의 준비대회가 있었으며, 7월 11일 당시의 일본 노동자의 과반을 결집한 일본노동조합

▶사진 5-15. 총평결성대회(1950년 7월 11일. 松尾尊兊, 「国際国家への出発」).

총평의회(총평)가 발족되었다. 조합원 수는 276만 명으로 GHQ는 온건한 노동조합인 국제자유노련으로의 참가를 기대하면서 전면적으로 총평을 지원했다. 이러한 GHQ의 지원에 대해 호소야 등 신산별은 참가를 취소했다. 총평은 서측진영에 가담하여 세계평화에 기여할 수 있을 것이라고 기대하였다.

그러나 51년 3월 총평 제2회 대회에서는 전면 강화, 중립 견지, 군사기지 반대, 재군비 반대라는 평화4원칙을 채택하게 되었다. 이것은 미국이 진행하는 대일강화를 지지하는 노조를 만들려고 노리고 있던 GHQ로서는 매우 기대에 어긋나는 결정이었다. 자주 회자되는 말인데, GHQ가 닭이라고 생각하고 부화한 알이 사실은 오리가 되었다는 움직임이다.

총평은 반공의 테두리에서도 자유노련의 테두리에서도 빠져나오려고 한 것이다. 이 대회에서 총동맹 좌파의 다카노 미노루(高野実)가 사무국장으로 선출되었다. 그의 리더십 아래에서 총평은 정치경제의 양 측면에 전투적, 반체제적 행동을 심화시키게 되었다.

총동맹 우파는 이러한 움직임에 강하게 반발했다. 총동맹은 51년 3월에 해산대회를 열었는데, 우파는 해산에 반대해서 총평에 참가하지 않고, 같은 해 6월 총동맹 재건대회를 열었다. 다음 해 52년 12월 전섬동맹(전국섬유산업노동조합동맹), 해원조합(전일본해원조합) 등이 총평의 좌선회를 비판하였으며, 54년 4월에 총동맹과 함께 전일본노동조합회의(전노회의)를 결성했다. 이것은 뒤에 동맹의 전신이다(福永前揭書, 雨宮前揭書第四章).

정당의 재편

50년 6월 4일에 제2회 참의원의원선거가 행해졌는데, 그 조금 전인 4월 28일에 국민민주당이 결성되었다. 국민민주당은 민주당 야당파와 미키 타케오(三木武夫)가 이끄는 국민협동당이 연합해서 결성되었다. 합동실현을 촉진한 인맥의 하나는 중도정권에서 고락을 함께한 아시다와 미키였다. 둘은 반요시다라는 생각을 공유하면서 사회당과 자유당의 중간에 중앙당적 존재가 필요하며 그것은 가능할 것이라고 생각하여 다음과 같은 정치강령을 내걸었다.

1. 우리는 높은 인류애를 철저히 하고, 세계항구평화와 일본 민족의 완전 독립을 실현한다.
2. 우리는 널리 진보적 국민 세력을 결집하고 순화한 민주단체, 민주정치체제를 확립한다.
3. 우리는 사회연대의 이념과 협동의 정신에 기반하여 생산의 자유와 생활의 보호를 조정하고, 균형 있는 국민경제기구를 확립한다.
4. 우리는 풍부한 이성의 입장에서 기본적인 인권을 존중하고, 근로정신을 앙양하여 복지사회를 실현한다.
5. 우리는 과학과 교육의 진흥을 도모하고, 개인의 완성과 문화의 홍궐을 기한다.

(福永前揭書 인용)

'자유자본주의'와 '평등사회주의'의 '조화'를 이루는 것으로서(辻清明編,『資料戰後二五年史』1) 사회연대, 협동, 복지사회를 내걸고 있는 일본에서 사회당과 자유당의 중간인 중앙당적인 성격이 잘 드러난 강령이다. 이 합동에서 국민민주당은 중의원의원 67명, 참의원의원 43명을 가지게 되었다. 국민민주당은 사회당과의 제휴를 꾀하고, 공동으로 중의원에 요시다내각 불신임 결의안을 제출했다. 그 이유의 하나로 '단독강화 및 중립정책 파기를 어쩔 수 없이 하는 것처럼 하면서 편향적인 태도를 취하여 국론의 분열을 가져왔다'는 것을 들고 있다. 국민민주당은 당시 기타무라 토쿠타로(北村德太郎), 나카소네 야스히로(中曾根康弘) 등을 중심으로 한 이른바 청년장교 그룹의 주도권을 기반으로 전면강화론의 입장에 서 있었던 것이다(福永前揭書).

자유당과 공산당을 제외하면 사회당이나 다른 정당도 협동주의, 수정자본주의 그리고 사회연대주의의 정치 강령을 가지고 있었다. 그 정책은 총력전체제 형성기의 사회국민주의와도 공통된 것이다. 그 의미에서 말하면, 협동주의 또는 사회국민주의의 재생이다. 당시의 "중도"로 불리워진 정당은 그러한 정책도 가지고 있었던 것이다. 즉 가타야마, 아시다 "중도" 내각은 GHQ에 의해 지지받은 협동주의, 사회국민주의 내각이라고 말해도 좋다. 그것은 이탈리아나 서독에서 가톨릭적 협동주의에 의한 그리스도교 민주주의와 공통되는 것이었다(塩崎弘明, 『国内新体制を求めて』). 자유주의경제를 주장하는 자유주의와 협동주의의 대항은 미국 국내, GHQ 내의 두 개의 경향과도 밀접한 관계를 가지지만, 냉전에 의해 전자의 승리가 되었다. 이것은 반도조연합 승리의 재판이었다.

그러나 냉전으로 오랫동안 봉인된 협동주의―사회국민주의는 냉전체제의 종결로 인해 이제부터 재생하게 되는 것일까. 본 장에서 서술해 온 것처럼 일본 현대사에서 늦어도 1920년대 및 총력전 시대에 성장하여 "보수" 세력의 일부로도 되어 있는 협동주의―사회국민

주의 이외에 자유주의의 폭주를 억제할 수 있는 역사적 재료는 발견할
수 없다고 하더라도.

제6장 전후체제의 형성

동력삭도(로프웨이)를 사용한 귤의 수확(1960년 12월, 毎日新聞社).

1. 여러 세력의 체제 구상

미국의 세계전략

1951(쇼와26)년 9월 8일에 조인, 다음 해 52년 4월 28일에 발효된 대일평화조약, 일미안전보장조약에 의해 연합군에 의한 점령이 끝나고 일본은 독립했다. 이것은 전후체제 형성의 상징적인 사건이었다.

전후체제에 대해서는 '머리말'에서도 서술했는데, 국제적으로는 포츠담(전승국)체제, 샌프란시스코(냉전)체제, 정치적으로는 55년체제, 경제적으로는 민간 수요 중심의 일본적 경영체제, 법적으로는 일본국헌법체제, 사회적으로는 기업 중심 사회 등으로 이루어진 체제이다. 그 국제체제 형성에 가장 영향력을 가지고 있는 것은 미국이다. 미국 정부는 어떠한 구상을 가지고 있었던 것일까.

그것은 전 세계에서 공산주의를 봉쇄하고자 하는 미국의 냉전전략(트루먼 독트린)에 규정된 것이었다. 유럽에서는 1949년 4월 북대서양조약기구(NATO)의 결성에 의해 공산주의의 지배로부터 방위에 성공

했지만, 아시아에서는 지배의 축으로 생각하고 있던 중국에 사회주의 국가인 중화인민공화국이 탄생하고(1949년 10월), 한국전쟁이 발발(1950년 6월)하는 등 부득이하게 전략에 큰 변형을 초래했다. 이에 중국에 대신하여 일본을 아시아 지배의 지주로 하는 구상이 부상한 것이다.

그 기본적인 구상은 아시아에 친미반공국가군을 만들고, 일본을 극동의 안전보장과 안정을 위한 주요 국가로 삼고자 한 것이었다(NSC 48/4).

재계·일본 정부의 재군비구상

이러한 미국의 구상에 대해서 일본 국내에서는 먼저 경단련 등 재계8단체(경단련, 일본산업협의회, 금융단체협의회, 일본상공회의소, 일본무역회, 일본중소기업연맹, 일본경영자단체연맹. 경제동우회)가 51년 1월에 일본을 방문 중인 달레스 특사에게 「강화조약에 관한 기본적 요망」을 제출하고 호응했다.

그 요망서에 의하면 '일본이 제공하는 기지에 미군이 주둔하는 것' '미국에 의한 일본 방위' '일미경제협정의 체결' '재군비' 등이 요청되었으며, 일본의 '아시아에서의 군수기지화'와 재군비에 대한

▶사진 6-1. 대일평화조약과 동시에 체결된 일미안전보장조약에 조인하는 요시다 시게루 전권(『日本百年の記録』 3).

적극적인 자세가 두드러졌다(中村隆英,「「日米経済協力」関係の形成」).

요시다 내각도 재계의 이러한 자세에 기본적으로 동조했다. 51년 11월에 경제안정본부총무장관 스토우 히데오(周東英雄)를 위원장으로 하는 일미경제협력연락회를 설치하고, '자위력을 강화한다'는 것을 포함하여 가능한 한 신속하게 '자립경제'를 달성하는 것을 정책으로 내걸었다.

동조하는 정당과 여론

독립한 일본의 체제를 어떻게 할 것인가에 대해 여당인 자유당을 비롯하여 민주당, 녹풍회, 사회당 우파 등도 각각 구상을 발표했다. 그것들은 뉘앙스의 차이가 있더라도 미국에 동조하는 것이었다(〈朝日新聞〉, 1951年 1月 15日, 『芦田均日記』第三巻 등).

당시의 여론조사에서도 같은 경향이 나타났다. 예를 들어, 1951년 3월 26일 〈요미우리신문(読売新聞)〉에 게재된 여론조사에 의하면 재군비찬성 47.3%, 반대 23.6%, 모른다 29.1%라는 결과가 나왔다.

미국은 이후에도 한층 더 일본의 재군비와 경제의 군사화, 그리고 그것을 가능하게 하기 위한 헌법 개정을 요구했다(大嶽秀夫,「日本における「軍産官複合体」形成の挫折」, ダワー, 『吉田茂と

▶사진 6-2. 달레스(좌)와 이야기하는 요시다 시게루 수상(우, 중앙은 시볼트 외교국장)(『昭和 二万日の全記録』9).

その時代』下).

한편, 재계에서도 '수출산업으로서의 병기산업'을 주장하는(佐藤喜一郎帝国銀行社長) 등 재군비와 경제의 군사화에는 이후에도 적극적이었다(『経団連月報』 1953年 1月, 経団連防衛生産委員会編, 『防衛生産委員会十年史』).

대규모의 재군비는 어떻게 저지되었는가

그러나 재군비와 경제의 군사화가 왜 구상한대로 진행되지 않았을까. 그 요인에 대해서는 국제 정세의 변화나 지배층 내부의 대립 등도 생각할 수 있지만, 사회당 좌파, 총평, 공산당 등의 동향이 관계되어 있는 것은 아닐까. 그 점을 조금 구체적으로 검토해 보자(五十嵐武士, 『対日講和と冷戦』).

51년 1월에 개최된 사회당대회에서는 전면 강화, 중립 견지, 군사기지 반대라는 당 집행부의 외교방침안과 좌파가 제안한 재군비반대결의를 가결하고, 우파가 제안한 외교방침수정안을 큰 차로 부결했다.

또한 사회당 좌파의 기반인 총평 내에는 사회당 우파의 세력이 강한 일파도 있었는데, 조직이 튼튼하지는 않았지만 51년 3월에 열린 제2회 대회에서 「재군비를 반대하고, 중립 견지, 군사기지 제공 반대, 전면 강화의 실현에 의해 일본의 평화를 지키고, 독립을 달성하기 위해 싸운다」는 방침이 결정되었다(〈朝日新聞〉, 1951年 3月 11日, 総評編, 『総評三十年 資料集』上).

그 사이, 달레스는 사회당위원장 스즈키 모사부로(鈴木茂三郎), 동(同)서기장 아사누마 이네지로(浅沼稲次郎), 총평의장과 만나 각각 으로부터 재군비 반대의 주장을 듣고, 미국이 재군비나 군사기지의 제공을 강요하는 것이 아니라고 답했다. 또한 요시다 수상은 이 시기 사회당 좌파의 가쓰마타 세이이치(勝間田清一)나 스즈키 모사부로에게 재군비 반대를 선동하도록 의뢰한 일도 있었다고 한다.

한국전쟁 발발 직후인 50년 7월 8일 맥아더는 일본 정부에 대해 7만 5천 명의 경찰예비대를 결성할 것을 지령했다. 경찰예비대는 52년 10월 보안대로, 54년 7월에는 자위대로 개조되어 '재군비'는 진행되었다. 그러나 미국이 의도한 대규모의 재군비는 이루어지지 않았고, 헌법 개정의 길도 열리지 않았다.

그것은 위에서처럼 정부에서부터 노동조합에 이르는 행동의 결과였지만, 재군비의 속도와 규모에 영향을 미친 것에 지나지 않은 것이기도 했다.

민간수요 중심의 경제로

그러나 이것은 일본의 전후체제에서 큰 의미를 가진다. 먼저 대규모의 재군비에 의한 경제의 군사화를 이행하지 않았기 때문에 그 후 민간수요 중심의 경제가 전개되었으며, 헌법 개정을 저지하게 되었다.

또한 경제 문제에서는 공산당을 포함한 대부분의 정당이 경제 자립 등 산업의 근대화, 효율화를 주장한 것에도 주목하고자 한다(日本

社会党本部, 「完全雇用を目標とする経済自立四ヶ年計画〔第四次修正案〕」, 日本共産党中央委員会, 『日本共産党綱領集』). 이렇게 개헌이 불가능하게 되고, 55년에 공산당이 무장투쟁을 포기하는 등 헌법질서에 편입하게 되자 법체제로서의 일본국헌법체제가 만들어지고, 경제에서도 민수산업중심 체제가 가능해졌다. 국제체제로서는 앞에서 서술한 바와 같이 전승국체제로서의 포츠담체제 위에 마침내 전쟁 책임과 식민지 책임에 '관대' 한 편면강화에 의해 일미안보체제가 형성되어 갔다.

정치에서 안보체제를 인정할 것인가 부정할 것인가, 개헌인가 호헌인가를 둘러싸고 55년체제가 형성되었다. 거기에는 수호되어진 헌법 제9조가 전쟁 책임의 면책과 관련되어 있었으며, 전쟁 책임 문제나 사회주의·자본주의와는 다른 복지국가로 이어지는 협동주의 등이 냉전체제 안에 봉인되었다.

2. 1950년대의 일본 사회

점령이 끝난 1950년대에 대해서는 '그리운 시대'로서 노스탤지어의 대상이 되는 일이 많지만, 과연 그 정도의 의미밖에 없는 시대였을까. 이 시대를 일정한 보편성을 가진 고유한 사회로서 볼 필요가 있지 않을까. 그것을 농민, 어민, 도시 노동자, 어린아이 등의 실태를 통해서 생각해 보고자 한다. 먼저 당시 일본인의 생과 사의 문제에서부터 보자.

1950년대의 생과 사

50년대의 일본인은 어디에서 태어났을까. 자택에서 태어난 것은 50년 95.4%, 55년 82.4%, 60년 49.9%이다(厚生省,「人口動態統計」). 즉 대부분의 일본인이 산파의 도움으로 자택에서 태어났다. 참고로 80년에 자택에서 태어난 것은 겨우 0.5%이다.

한편, 노후와 사망을 보면 65세 이상, 즉 고령인구비율은 50년 4.9%, 55년 5.3%, 60년 5.7%였다(「国勢調査」). 또한 자택에서 사망한

비율은 50년 88.9%, 55년 84.6%, 60년 78.1%이다(厚生省,「人口動態統計」, 高度成長を考える会編, 『高度成長と日本人 Part1』). 즉 10명 중 8명에서 9명이 자택에서 가족이나 지역의 지인들에게 둘러싸여 사망한 것이 된다.

농촌·어촌의 변용

50년대에는 제1차 산업종사자가 많았고(50년 48.3%, 55년 41.0%), 농업사회였다. 전후 두 번에 걸친 농지 개혁에 의해 지주·소작관계는 기본적으로 해체되었으며, 평등화가 실현되었다. 또한 생활수준 면에서도 매우 평준화되었다(ドーア, 『日本の農地改革』).

한편 시대는 공업제품 수출을 목표로 하여 농산물 수입을 주장하는 공업화 사회로 진행하여 농촌 안에서도 새로운 분화가 시작되었다. 공업화 추진에 대해서는 보수·혁신이 대립하지 않고 완전하게 일치하여 진행되었던 예도 있다는 것에 주목해 두고자 한다(雨宮昭一, 「財政再建と工業化への胎動」, 同「玉里村」, 安達生恒, 『村の戦後史』).

패전 후의 일본에서는 군대로부터의 귀환자, 군수공장에서 해방된 20세 전후의 젊은이들이 마을에 넘쳐났다. 그들은 동일세대 전원 가맹제를 기본으로 하는 민주적인 청년단을 지역마다 결성하여 사교댄스, 농촌극 등 '농촌문화운동'을 실행했다. 55년 즈음까지는 소·중학교의 교사도 마을에 따라서는 청년단에 가입하는 것이 관례였다. 농촌이라면 자칫 보수를 기반으로 하는 것처럼 말하지만, 당시는 농민조합이나 민주적인 청년단의 활동이 왕성하였으며, 농촌의 공동체는 혁신 측이 주도권을 가지고 있었다.

이러한 동향이 크게 전환하는 것은 55년경이다. 농산물의 자유화, 농산물 자체의 변화, 보수 주도에 의한 농업 기반의 정비 등에 수반하여 농민의 생활과 의식이 크게 변화하기 시작했다. 전통적인 생활이 일변하고, 노동과 생활 모두가 시장구조 속에 편입되어 갔다. 그리고 그때까지 농촌 민주화의 리더였던 사람들이 그 시기 자민당으로 변해갔다.

어촌에서도 큰 변화가 나타났다. 집어등(集魚灯)의 전력 상승, 어군탐지기의 개발 등 기술혁신이 진행되었다. 이것들에 의해 연안어업에서 근해어업으로 변한 어촌에서는 생선 수확의 부진 때문에 양식으로의 전환, 젊은이들의 어촌 이탈, 중년의 타지역에서의 돈벌이가 시작되었다.

50년대는 농촌에서 도시로의 대규모 이동이 시작되었는데, 집단취직열차의 운행은 그 상징적인 예이다. 그것은 55년의 '신무경기(神武景気)'에 의해 유지되었던 것이었는데, '황금알'이라고 불리는 지방 출신의 중졸 소년·소녀가 집단취직열차를 타고 케이힌(京浜)·도카이(東海)·한신(阪神) 공업지대의 대기업, 작은 마을공장, 상점으로 흩어져 갔다. 참고로 집단취직열차 제1호는 55년 3월, 이와데 현(岩手県) 모리오카 역(盛岡駅)을 출발한 것이었다.

자립한 노동자 사회의 후퇴

전후, 기업 노동자의 지위는 45년에서 47년에 만들어진 노동3법

(노동조합법, 노동관계조정법, 노동기준법) 등에 의해 크게 향상되었다.

　　그러나 49년 5월 국회를 통과한 노동조합법의 개정은 전종조합 임원에 대한 경비원조금지나 근무시간 내의 조합집회를 인정하지 않는 등 기본노동협약의 계속을 금지하는 내용을 포함하고 있었다. 이것은 자립적인 노동운동의 주요한 지도자였던 공산당원을 배제하기 위한 의도를 가진 것이다. 그러나 임금이나 임원의 지위에 대해서는 조합이 정규의 교섭단체여야 한다는 것, 정규의 조합활동을 위해서 공장 내 시설의 자유로운 사용이 인정되어야 한다는 것, 직원과 공원과의 사이에 '신분상'의 격차가 금전면을 제외하면 전폐되었다는 것 등 노동운동이 후퇴하는 가운데도 노동자의 권리를 확보하는 일정의 보류는 있었다(ドーア, 『イギリスの工場·日本の工場』, 日立工場労働組合編, 『日立労働運動史』).

　　또한 이즈음 큰 공장에서 중소 공장까지 단기간에 유사한 기술체계가 확대되어 갔다. 그때까지 직인다운 숙련 노동자가 직장에서 힘을 가지고 있던 상태가 총력전기의 국가체제나 기술혁신에 의해 무너졌으며, 55년부터 시작된 고도성장에 의해 가속되었다(森清, 「戦時下の町工場」).

　　점령 초기에는 존재 가능했던 노동자의 자본·기업으로부터의 자립성이 후퇴한 시기였다.

　　이렇게 노동운동의 후퇴 국면이긴 했지만 노동자의 공동체 사회는 엄연하게 존재하였으며, 그것이 총평을 중심으로 한 '직장단위' '지역단위' 투쟁의 기초였다.

　　그 의미에서 59년부터 60년의 미이케쟁의(三池争議, 미이케 광산, 미이케 탄광에서의 인원정리반대투쟁－역주)는 산업에너지 구조의 전환이라는 측면과 동시에 자립한 노동자 공동체사회의 존속으로부터 해체로의 측면을 가지고 있었던 것이다.

골목대장·뒷골목 문화와 그 해체

50년대에 어린이들은 대부분 '골목대장'이 이끄는 지역의 놀이 집단에 속해 있었다. 학급이나 같은 반과는 다른 것으로 지역 단위에서 연장자부터 연소자의 '반편이'에 이르기까지 다른 연령의 종적인 집단 속에서 팽이, 딱지치기, 사방치기 등 전통놀이의 규칙이나 기술, 그리고 집단행동에서 개인의 역할이나 승부의 엄격함 등 인간 사회의 '규정'의 원형을 배웠다. 이 놀이집단은 어른의 지도나 관리로부터 해방된 어른 접근 금지의 '어린이 공화국'이며, 어른 사회로부터 비교적 자유로웠다.

이들 집단은 도시·농촌을 불문하고 존재했지만, 농촌 특히 동북에서는 無着成恭編『山びこ学校』, 土田茂範編『村の一年生』 등의 문집이나 실천기록에 나타난 것과 같이 '새로운 마을 만들기(新しい村づくり)' '마을을 키우는 학력(村を育てる学力)'을 배양하려는 노력이 있었다는 것도 주목된다. 또한 55년부터 57년경에 절정을 맞이한 책 대여점과 이전부터 있었던 막과자점으로 상징되는 '뒷골목문화'도 존재했다.

이러한 '골목대장문화' '뒷골목문화'가 해체되고 쇠퇴되어 가는 것은 50년대 후반부터 텔레비전(흑백)의 보급이나 학력사회의 전개 때문이었다.

교육의 중앙집권화

진학률이 높아지고 고학력자가 증가한 이 시기에는 교육의 형태가 제도·내용 모두 크게 변화했다(梅根悟監修,『図表でたどる日本の教育』).

점령개혁 속에서 만들어진 교육위원회 공선제가 56년에 임명제로 바뀌고, 57년에는 현장교직원의 자립성을 빼앗는 교원근무평정이 강행되었다. 또한 58년에 개정된 문부성의「학습지도요령」에서는 지도요령에 강제력을 부여하였으며, 새로운 도덕교육 시간이 신설되었다. 그리고 58년에는 교과서조사관이 신설되어 교과서검정이 강화되었다.

▶사진 6-3. 敎硏集會에 출석한 『山びこ学校』의 저자 無着成恭(1927~) (『総合日本史』 10).

▶사진 6-4. 교육위원선거. 1956년 임명제로 바뀔 때까지 볼 수 있었던 전후의 풍경. 이것은 1948년 10월 5일 초반에 실행한 도교육위원선거풍경(『図説 日本文化史大系』 13).

이러한 사태는 중앙집권에 의해 지역의 개성이나 교사집단의 자립성을 해체시키고, 균일한 하나의 기준에 의해 교육체제가 만들어졌다는 것을 의미한다. 이것들은 문부성이나 자민당의 주도에 의해 실행된 것이었지만, 그것을 관철시키는 이데올로기의 주요한 것은 전전의 체제에 향수를 느끼는 국가주의·보수주의적인 것이었다. 60년대가 되자 이 위에 '경제개발에 도움이 되는 사람 만들기'라는 목표가 명확하게 자리 잡았으며, 교육 분야에서도 정계·재계·관료가 결합된 체제가 등장하였다.

자립한 다양한 공동체

50년대의 농촌사회에는 '전근대적'이라는 이미지와는 확실하게 다른 청년을 중심으로 한 문화·생산에 걸쳐 지역 공동체를 기초로 한 생기 넘치는 여러 운동이 있었는데, 그것이 '보수화'한 것은 농업생산물의 상품화와 그것에 수반한 생산기반, 생활기반을 둘러싼 문제 때문이었다.

어촌에서 자연과 조화를 이룬 생활 형태와 인간관계, 어디까지나 상대적인 것이지만 자본·기업으로부터 자립한 노동 공동체의 존재, 교직원집단의 자립성과 지역사회의 결합, 관리되지 않는 어린이 사회, 10명 중 8, 9명이 가족이나 주위의 사람들이 지켜보는 가운데 자택에서 태어나 자택에서 죽음을 맞이하는 사회, 주변의 직인이나 상점과의 일상적인 교제를 볼 수 있는 지역사회—50년대에는 이들이 사회 속에 확실히 존재했다.

여기에는 오래된 것으로부터 새로운 것으로, 전근대에서 근대로의 이행 과정 내지 그 혼재라는 것으로는 전부 파악할 수 없는 고유한 사회로서의 50년대 사회가 있었다. 기본적인 인권이 보장된 민주주의 제도가 있었으며, 국가나 자본으로부터 자립한 다양한 공간=공동체가 존재하는 사회이다. 이것은 근현대 일본에서 이전에도 이후에도 없었던 고유한 사회이다.

그리고 통상적으로 이미지화된 사태와는 다르게 60년의 안보투쟁에 이르는 국민운동을 지도한 혁신세력이 의존했던 것은 바로 이 자립한 여러 공동체였다.

이 공동체는 고도성장의 시대를 향하여 기업 사회를 지탱하는 방향으로 해체되었지만, 동시기에 국제체제로서의 포츠담·샌프란시스코체제, 경제체제로서의 민간 수요 중심의 자본주의체제, 법체제로서의 일본국헌법체제, 정치체제로서의 자민당 3분의 2, 사회당 3분의 1의 국회의석 수로 이루어진 55년체제가 형성되었다. 그리고 이때까지의 자유주의 대 협동주의가 냉전체제하에서 자본주의 대 사회주의로 바뀌었다. 자민당 안에는 자유주의와 협동주의, 정치 조류로 말하면 자유주의파, 국방국가파, 사회국민주의파, 반동파 모두가 포함되었다. 이렇게 보수(자본주의, 개헌, 일미안보체제시인) 대 혁신(사회주의, 호헌, 일미안보체제반대)이라는 전후정치체제가 형성되었다. 그리고 냉전이 끝날 때 보수든 혁신이든 분해를 시작할 것이다.

맺음말

구술과 편견

　필자가 점령개혁에 직접 관계되는 연구를 해온 것은 다음의 세 가지 장소에서였다. 첫째는 1991년부터 2001년까지 10년간의 이바라기(茨城) 신문창간백주년행사의 일환으로 만들어진 「이바라기 점령시대연구회」에서 각 분야의 40인이 행한 구술조사, 두 번째는 필자도 창립에 참가한 「동시대사학회」(2002년 창립)에서의 보고나 토론, 세 번째는 일본점령연구의 주요한 분들이 들어 있는 「점령전후사연구회」에서의 보고나 토론을 통한 참가였다.

　처음의 「이바라기 점령시대연구회」에서는 이제까지 다루어진 일이 거의 없었던 ① 지역에서의 점령, ② 전전·전시의 사태에 입각한 점령연구, ③ 백인, 일본인, 남성, 정상인, 중산층 이외의 여러 주체를 포함시킨 점령연구를 목표로 하여, 지역 리더, 점령 당국자, 여성, 재일외국인 등의 구술을 실행했다(『茨城の占領時代』 I·II巻. 雨宮,「地域の戦

時·戦後と占領」).

이 신서저술을 받아들였을 때는 이 지역의 실태와 문제 시각을 '통사'와 조합하면 한 권으로 만들 수 있겠다고 막연하게 생각했지만, 그것은 실로 어리석었었다.

먼저 그것 자체가 매우 어려워서 결국 아직 지역의 사실과 통사의 서술을 방법적으로 관련짓지 못했다. 더욱이 위에 기술한 10년간의 구술 내용 그 자체에 근본적인 문제를 느꼈기 때문이다.

즉 본서에서 다루어 온 것처럼 '점령정책으로 모든 것이 바뀌었다' '일본의 정당이나 리더는 너무 시대에 뒤져 있어서 무엇도 바꾸려고 하지 않았다' '일본의 전시체제와 연합국의 공통성은 없다'는 것처럼 만들어진 생각과 편견을 구술에서 이야기하는 쪽도 가지고 있었으며, 듣는 쪽도 이미 논문 등에서는 그것을 알고 있었지만, 명확하게 할 수 없었다는 것을 『茨城の占領時代』를 출판하고 나서 알았다. 말할 것도 없는 일이지만 '이름 없는' 사람들의 이야기에서 귀중한 사실을 다수 발견할 수 있었다는 것을 덧붙여 두고자 한다.

주체적인 개혁의 가능성

그러나 그 편견에서 자립한 시점에서 사태를 재점검했을 때, 즉 전전·전후의 사태에 입각하면서, 동시에 GHQ의 평가에 의존하지 않고 점령기 리더들의 행동이나 업무를 검증하면 여러 가지 측면이 드러난다.

첫째는 천황에게 패전 책임을 지우려는 의지를 포함해서 객관적으로도 주체적으로도 일본의 여러 세력에 의한 개혁의 가능성을 확인할 수 있다는 것이다. 그것은 시간이 걸렸을지 모르지만, 점령정책이 없어도 늦든 빠르든 개혁이 진행되는 가능성이기도 하다.

GHQ는 그 가능성을 없애고 '민주화' 개혁을 강제했다. 그것은 전쟁의 일부인 점령이라는 군사적 지배관계에서는 당연한 것이었으며, 당시 연합국 간의 관계에서 규정된 측면이 강했다. 그러나 결국 일본인에게 민주화의 의지도 능력도 없기 때문에 '민주화'를 강요하여 위대한 성공을 했다는 표상으로서 고정하여, 그 후 미국 대외정책의 모델이 되어 갔다.

그렇기 때문에 그 후에 다양한 나라에서 시행된 미국의 '점령과 개혁'을 일본의 그것과는 다르다고 하는 것은 정확하지 않다. 양자는 비교하는 관계가 아니라 인과관계이기 때문이다. 즉 아무리 일본 이외의 국가나 지역에서 실패를 거듭해도 '성공한 일본점령' 모델이 미국에게는 다른 나라들에 대한 점령정책을 결정짓게 하고, 실천하게 하기 때문이다.

협동주의의 발견

두 번째는, 점령기의 전제주의·봉건제 대 자유주의로 파악하는 방식은 연합국이 만든 언설공간이라는 것이다. 이것에 의해 연합국과 추축국의 공통성(예를 들면, 총동원체제에서 거대한 정부, 무차별폭격·원자폭탄 투하 등의 국가범죄)의 은폐가 행해졌다. 그리고 일미안보체제를 둘러싼 보수와 혁신이라는 언설공간도 냉전체제에서 만들어진 것이다. 협동주의=파시즘이라는 연합국의 언설에서 이탈하여 점령과 개혁의 시대를 생각하면, 예를 들어 무제한의 시장지배가 되기 쉬운 자유주의를 사회적으로 컨트롤하는 사회적 연대와 비영리적인 사회관계 등 전전 이래의 계보를 가진 협동주의를 발견할 수 있으며, 가타야마, 아시다 양 내각의 정책을 그 협동주의의 역사 속에 위치지울 수 있다.

'보수·혁신'이라는 냉전체제의 언설로부터 거리를 두고 보면, 55년 전후에는 대미자립, 비군사의 반요시다연합, 즉 하토야마 이치로(鳩山一郎)와 평화4원칙을 주장한 사회당 등과의 연합 가능성도 찾아볼 수 있다(雨宮, 『戰時戰後体制論』第五章, 中北浩爾, 『一九五五年体制の成立』).

그리고 앞에 기술한 '점령과 개혁'과 전후체제에서 봉인된 자립한 개혁의 가능성, 스스로의 전쟁 책임, 식민지 지배책임, 전승국체제, 협동주의 등은 냉전체제가 끝나고 모든 체제가 흔들렸을 때 좋든 싫든 상관없이 표면화될 것이다.

또한 자유주의와 봉건체제, 보수와 혁신이라는 대항축에서 벗어나 자유롭게 사태를 보면, 예를 들어 영국에서는 총력전체제를 사회민주주의가 책임지고, 국민에게 부담을 지웠기 때문에 거대한 정부, 복지국가를 형성했다. 그것에 비해 일본의 경우는 사회국민주의와 국방국가파가 총력전체제를 추진하여 거대한 정부, 복지국가를 만들었으며 그것은 전후로 계승되었다. 일본의 노동자 세력은 그것에 의존하여 스스로 생산비를 노동자에게 부담하게 하여 복지국가를 형성하지 못하고, 그 대신 일본국헌법옹호가 있었다는 특징을 가지고 있다. 이 때문에 일본의 복지체제는 사회민주주의세력보다도 보수·혁신과는 다른 협동주의 세력이 짊어지게 되었을 것이다.

이상의 시점은 또한 일본의 전전, 전시, 점령, 전후에 만들어진 더할 나위 없이 소중한 단 한 번뿐인 역사적 경험을 발견한 것, 재정의한 것, 계승한 것이 될지도 모른다. 그리고 그것은 전후체제의 불안정과 어떻게 관계되어질까.

저자 후기

　점령과 개혁 시대의 역사적 자리매김과 그 의미는 고도성장과 전후체제의 동요를 거쳐 급격하게 변화했다. 점령보다도 고도성장 쪽이 자신의 인생과 세상을 변화시켰다고 생각하는 사람들이 늘었으며, 점령연구도 고도성장을 달성할 수 있었던 것은 행운과 탁월한 리더가 있었던 점령과 개혁의 시대 덕분이라는 시점으로 이루어졌다. 전후는 자신에게 있어서 행운도 훌륭한 것도 아니라고 느끼는 사람들이 증가하고 전후체제가 흔들리고 있는 지금 점령은 어떠한 위치와 의미를 갖는 것일까. 전후의 동요는 전후를 전후로 설명하는 시대의 종말을 의미하며, 전후를 전후 이외 예를 들면 전후 이전과 전후 이후로 설명할 것을 요청하고 있다.

　80년대 중반부터 제기되어 왔던 총력전체제론은 그것에 대한 하나의 응답이었으며, 그 방법을 부연하여 점령과 개혁의 시대를 분석하는 것이 본서에서 필자에게 주어진 과제였을 것이다. 그 과제가 곤란한 상태에서 '통사'를 쓴다는 곤란함이 더해졌다. '결론'에서 서술한 바와 같이 필자는 요즘 '지역의 점령' '백인, 일본인, 남성, 건강한 사람 이외의 사람들도 포함한 점령'을 조사해 왔지만, 그 성과를 '통사'

의 집필로 만들어 내기에는 아직 거리가 있었다.

대가, 중견, 젊은층의 많은 점령기 연구자에게는 업적을 통해서 매우 많은 것을 배웠다. 특히 GHQ의 원사료나 구술로 이 시기를 연구하신 후쿠나가 후미오(福永文夫) 씨, 헌법제정의 전문가 고세키 쇼이치(古関彰一) 씨에게는 학문적으로도, 문헌·자료상으로도 큰 도움을 받았으며, 후쿠나가 씨는 초고를 읽고 귀중한 어드바이스를 해 주셨다. 본서 제4장 후반과 제5장의 사실 경과와 구성은 많은 부분을 후쿠나가 씨의 저서에 의거하고 있다. 이러한 뛰어난 업적이 있었기 때문에 비로소 필자 나름의 전개가 자유롭게 진행될 수 있었다는 것을 실감한다. 그 위에 본서에서 시종일관 사용한 주체와 정책을 보여주는 4가지 조류론이 가진 긴 사정에 본인도 다소 놀라고 있다.

요즘 근무처에서 총합정책과학이나 지역총합연구소 창설에 관여하여 다망하였다. 연구소의 테마로는 포스트 베드타운 시스템을 채택하여 그것을 전후체제의 형성과 붕괴 속에 위치지우면서 '상류사회론'의 미우라 아쓰시(三浦展) 씨 등과 공동연구를 하고 있다.

또한 본서는 기본적으로 새로 쓴 것이지만 제6장에 대해서는 상당 부분이 『戰時戰後体制論』의 제3.5장과 중복되어 있다는 것을 양해해 주기 바란다. 집필이 예정보다 늦어져서 걱정을 끼친 필자를 격려하면서 편집을 담당한 이와나미 신서 편집부의 히라다 겐이치(平田賢一) 씨에게는 많은 도움을 받았다. 마음으로부터의 감사를 전하고 싶다. 그리고 이번에도 집필을 지켜봐 준 아내 요코(洋子)에게 감사하고 싶다.

2007년 12월

아메미야 쇼이치

역자 후기

아메미야 쇼이치 씨의 『점령과 개혁』은 제2차 세계대전에서 일본이 패전한 후, 지금까지 점령과 개혁에 대해 '피점령국의 하층민들까지 지지한 성공한 점령' '자유와 평등과 탈빈곤의 달성' '점령 개혁으로 일본의 모든 것이 바뀌었다'고 인식되어 온 사실에 대해 의문을 던지고 있다. 저자는 점령정책이 일본의 모든 것을 바꾸었다는 지금까지의 "무조건항복 모델의 성공담으로서의 어조"는 존 다위의 『패배를 껴안고』가 대표적인 예이며, GHQ 등에 의해 밖으로부터 주어진 이미지에 의하거나 경험과 소망을 투영하는 형태로 행해져 온 것이라고 전제하면서, 점령을 그것만으로 이해하는 것이 가능한 것인가에 대한 문제를 제기하고 있다. 또한 전후를 지속시킨 가장 유력한 힘은 전후 국제체제에서 전승국의 시스템이라는 시점을 가지고 전후를 이해할 필요가 있다고 말하고 있다. 그러한 관점에서 전후, 전시, 패전 직후의 연속성을 강조하기 위해 '총력전 체제하에서의 패전에 의한 변혁'과 '점령에 의한 변혁'을 명확하게 구별하여 시기적인 차이는 있었을지언정 점령이 없어도 민주화를 추진할 수 있었을 것이라고 말하고 있다.

먼저, 사회에 대해서 전시기 일본에서는 이미 총력전체제(국가 총동원체제)에 의해서 사회가 변혁되고 있었다는 것, 정치에 대해서 전시중에 국방국가파, 사회국민주의파, 자유주의파, 반동파의 4가지 정치조류가 있었으며, 그중에 국방국가파와 사회국민주의파는 총력전 체제의 추진파이고, 자유주의파와 반동파는 그 반대파로 도조 내각의 총사직을 이끌어냈다고 보고 있다. 그리고 도조 내각의 총사직으로 인해 비로소 패전이 가능해졌다는 것을 지적하면서 그것을 전후의 원점으로 삼고 있다. 즉 GHQ 아래에서 행해진 개혁 가운데 부인 해방, 노동조합결성장려, 농지개혁 등에 대해서는 총력전 체제에서 기초가 만들어져서 점령이 없어도 실현되었을 것이라고 말하고 있다.

또한 신헌법도 점령이라는 전쟁 계속 상태에서 패전국인 일본이 받아들여야만 했다는 것을 인정해야 하며, 주요 정당이나 일본 정부로부터의 초안이 GHQ가 말하는 것처럼 메이지 헌법과 다를 바 없다고는 말할 수 없다고 서술하고 있다. 가장 보수적인 정당의 초안조차, 메이지 헌법과는 압도적으로 다른 내용이었으며, 그렇기 때문에 일본인에 의한 자기 변혁은 가능했다고 말하고 있다. 더욱이 사회적 혹은 정치적인 지도자의 전후를 향한 움직임도 쇼와 15년 8월 15일의 패전이나 동년 10월의 인권 지령부터 시작되었다는 것은 일종의 착각이며, 실제로는 그 이전부터 이미 사회운동의 지도자나 정당이 움직이기 시작하고 있었다고 지적하고 있다.

특히 가타야마 내각·아시다 내각의 "중도(中道)"(민주당, 사회당, 국민협동당 등)의 정책은 협동주의로써 총력전 체제 형성 시의 사회국민주의와 맥락이 일치하고 있어 뉴 딜러들이 지배하는 GHQ 민정국도 이것을 지지하고 있었다고 기술하고 있다. 한편, 제2차 요시다 내각(자유당)은 자유주의와 협동주의와의 대항에서 냉전에 의해 자유주의가 승리하게 된 것을 의미하며, 이것은 반도조연합 승리의 재판과도 같다고 서술하고 있다. 그리고 공산주의를 봉쇄한다는 미국의 냉전 전략에 규정되는 국제 체제의 영향으로 일·미 안보 체제가 형성되면서 이것을 둘러싸고 인정/부정, 개헌/호헌을 대립축으로 "보수" 대 "혁신"이라는 55년체제가 형성되었다고 설명하고 있다. 이에 정당들은 생산의 근대화·효율화를 주장하는 경제 중심의 정책을 실현해 나가면서, "중도"내각, 즉 협동주의 등은 봉인되고, "보수"인 자민당 안에 자유주의와 협동주의 등 앞에서 말한 4가지 조류가 포함되어 갔다고 설명하고 있다.

　위와 같이 패전 후 일본의 '점령과 개혁'이라는 문제를 미국의 성공스토리만이 아닌 일본 내 개혁 동력의 존재를 부각시켜 서술하고 있다. 저자가 말하고 있듯이 제2차 세계대전 후 일본에서의 점령과 개혁의 시대는 60년이나 전으로는 거슬러 올라가지만 그것을 어떻게 평가할지는 지금도 중요한 문제이다. 헌법의 개정 문제, 연공서열과 종신고용 등의 일본식 경영으로부터 정사원과 프리타로 2분화하는 노동의 전환, 정치에서의 일당 우위 체제에서 연립 정권 체제로의 전환 등을 어떻게 이해해야 하는가를 생각할 때 점령과 개혁의 시대가 그 전제로써 불가결한 재료가 될 수 있기 때문이다. 긍정적인 논자는 전후 개혁의 내용과 방향을 기본적으로 지지한다. 부정적인 논자는 점령 개혁이 철저한 검열과 강제에 의해서 행해진 것에 대해 말하고 있다. 그러나 부정적인 논자도 무조건항복에 의한 개혁이 성공한 것을 전제로 하고 있는 점에서는 긍정적인 논자와 공통성을 가지고 있다. 본서는 점령과 개혁의 시대에 대해 그러한 성공스토리로 정말로 좋은 것인지를 다시 생각해 보려고 했다는 데 특징이 있다. 특히 미국이 현재에도 타국에 대해 점령과 개혁을 실시하면서 그것을 정당화하는 실례로서 일본에서의 성공스토리를 들고 있다는 사실을 비추어 볼 때, 전승국의 점령이 반드시 성공한다는 무분별한 논리에 대해 비판적인 시각으로 재검토를 했다는 데 그 의의가 있다고 할 수 있다. 또한 전후 역사를 전전 역사와 분리하여 전혀 관계가 없는 별개의 역사로 파악하는 단절론이 아닌 전전기, 전시기, 전후기를 이어 파악하려는 연속론의 입장에서 일본 사회를 더 통시적이며 객관적으로 보려고 하고 있다는 점은 평가해야 할 것이다.

이러한 의의에도 불구하고 저자가 점령이 없었더라도 일본은 민주화와 자유화를 위한 개혁을 실현했을 것이라고 말하고 있는 점에 대해서는 전적으로 동의할 수 없다. 일본 내에도 자유주의자나 공산주의자, 사회주의자가 전시 중에도 존속했으며, 지하활동을 하고 있던 것은 사실이지만, 그것은 한정된 사람들에 지나지 않았으며 그러한 동향은 전혀 대중화되지 못했다는 점을 간과해서는 안 될 것이다. 전후 일본의 지식인이나 정치인이 점령국인 미국의 점령정책 전환(역코스)에 대해 무력적인 저항 없이 수용한 것은, 전시기 총력전체제하에서 군부의 정책을 그대로 수용한 것과도 같은 맥락이라고 할 수 있다. 즉 정치 세력화되지 않은 개인이었기 때문에 정치적인 행동을 통한 사회의 분위기를 이끌어내지 못했다는 점이다.

본서에서 저자는 일본의 지식인이나 정치가, 사회운동가 등이 전후에 노동법이나 헌법제정, 교육 등에서 여러 가지 좋은 아이디어나 의견을 내고 있다는 점을 열거하고 있다. 그러나 그러한 지식인이나 사회운동가, 정치가의 언설이 구체적인 정치 투쟁을 거치고, 정치 권력을 획득해서 실현할 수 있었는지의 문제야말로 본서에서 주장하고자 하는 논점을 푸는 가장 객관적인 단서라고 생각된다. 특히 본서에서 자주 등장하는 협동주의적인 정치 세력의 실체와 그 활동 성향 및 사회적 영향 관계를 극명하게 밝혀야 한다고 생각한다. 그러한 점이 해명되지 않은 상태에서 전후 일본의 지식인들이 존재하고 있었다는 사실만으로는 그들이 사회 개혁을 추진할 수 있는 세력으로 파악하기 어렵다고 생각된다. 또한 전후 일본 사회의 정치 세력은 지식인, 정치인이 아니라 점령당국의 개혁을 적극적으로 받아들이려고 했던 일본 국민이며, 그들에 의한 성공스토리에 더욱 초점이 맞춰져야 하지 않을까 생각하며, 이 점에 대해서는 저자도 밝히고 있듯이 앞으로 전후사 연구에서 과제로서 풀어가야 할 것이다.

2012년 9월

유지아

연표

연도	일본 및 일본 관련	세계
1944년 (쇼와19)	7. 도조 내각총사직. 소이소구니아키 내각 성립 10. 레이테만 해전	
1945년 (쇼와20)	2. 고노에 후미마로, 패전의 예견과 공산혁명의 위협을 단독상소. 미군, 이와지마에 상륙 3. B29, 도쿄대공습 4. 미군, 오키나와 본도에 상륙. 고이소 내각총사직. 스즈키 칸타로 내각 성립 8. 히로시마에 원폭 투하. 소련, 대일참전. 나가사키에 원폭 투하. 어전회의 개최, 국체호지를 조건으로 포츠담선언 수락을 결정. 천황, 전쟁 종결의 조서를 방성(옥음방송), 제2차 세계대전 종결. 스즈키 내각 총사직. 히가시쿠니노미야 나루히코 내각 성립. 9. 미전함 미주리 호 위에서 항복문서에 조인. 천황 맥아더 방문 10. GHQ, 일본 정부에 인권지령. 히가시쿠니노미야 내각 총사직. 시데하라 키주로 내각 성립. 맥아더, 시데하라에 '5대개혁' 지령 11. 일본사회당 결성. GHQ, 다른 회사의 주식을 보유한 회사 해체지령(재벌 해체의 단서). 일본자유당 결성. 일본진보당 결성 12. GHQ, 고노에 후미마로·기도 다카요시 등 9명의 체포 명령. 고노에, 음독자살. GHQ, 국가와 신도와의 분리 지령. 중의원 의원 선거법 개정공포(대선거구제·부인참정권 등). 일본협동당 결성. 노동조합법 공포. 농지조정법 개정 공포(제1차 농지개혁 시작)	2. 미영소, 얄타회담 4. 샌프란시스코 국제연합창립총회. 무솔리니 총살, 히틀러 자결 5. 독일군, 무조건항복 7. 미영소, 포츠담회담 개최. 포츠담선언 발표 9. 베트남 민주공화국성립 10. 국제연합헌장발표(국제연합성립) 11. 뉘른베르크 국제군사재판개정 12. 미영소 3국 모스크바 외상회의. 조선신탁통치
1946년 (쇼와21)	1. 천황, 신격화부정 인서(인간선언) 2. GHQ, 마쓰모토시안 거부. 각의, GHQ초안 수용 결정. 금융긴급조치령. 천황, 가나가와 현 순행 4 전후 최초의 총선거. 시데하라 내각총사퇴. 경제동우회 설립 5. 극동국제군사재판 개정. 식량메이데이. 제1차 요시다 시게루 내각 성립 8. 경제단체연합회(경단련) 창립. 주식회사이사위원회 성립(재벌 해체의 본격적 개시) 10. 농지조정법 개정·자작농창설특별조치법 각각 공포(제2차 농지개혁 시작) 11. 일본국헌법 공포	3. 처칠, 〈철의 장막〉연설(냉전 시작) 6. 이탈리아, 국민투표에서 왕제 폐지 결정, 공화국 선언

연도	일본 및 일본 관련	세계
1947년 (쇼와22)	1. 전관공청노조공투, 2·1총파업 선언. 맥아더 원수, 2·1총파업 중지성명 발표 3. 국민협동당 결성. 진보당을 모체로 민주당 결성. 교육기본법·학교교육법 각각 공포 4. 마을회·부락회·반상회 폐지. 노동기준법·독점금지법·지방자치법 각가 공포. 제1회 참의원선거, 제23회 총선거 5. 일본국헌법 시행. 요시다내각 총사직 6. 가타야마 테쓰 내각 성립 12. 과도경제력집중배제법 공포·임시석탄광업관리법 공포. 개정민법 공포(가제법 폐지). 내무성 해체	3. 트루먼·독트린 발표 6. 마샬플랜 발표 8. 파키스탄 독립. 인도독립 10. GATT 조인
1948년 (쇼와23)	2. 가타야마 내각 총사직 3. 아시다 히토시 내각 성립. 민주자유당 결성 6. 쇼와전공사건 10. 아시다 내각 총사직. 제2차 요시다 내각 성립 11. 극동국제군사재판소, 전범 25피고인에게 유죄판결. 12월, 도조 등 7명 교수형 집행 12. GHQ, 미국무·육군양성 공동성명에서 맥아더에게 대일자립부흥9원칙 실시 지령(경제안정9원칙)	1. 간디 암살 4. 베를린 봉쇄 시작 8. 대한민국 성립 9. 조선민주주의인민공화국 성립 11. 민주당 트루먼, 미대통령 당선
1949년 (쇼와24)	2. 제3차 요시다 내각 성립 4. 단체등 규정령 공포. 도지공사, 49년도 예산안에 대해 성명, 초균형예산의 실시, 보급금의 폐지 등 건전재정주의 철저 강조(도지 라인). 1달러=360円의 단인환율 실시 7. 시모야마사건, 미타카사건 8. 마쓰가와사건, 샤우프권고 11. 유가와 히데키(湯川秀樹) 노벨물리학상 결정 12. 사회당, 전면 강화·중립 견지·군사기지 반대 평화3원칙 결정	4. 북대서양조약기구(NATO) 성립 9. 독일연방공화국(서독) 성립 10. 중화인민공화국 성립. 독일민주공화국(동독) 성립
1950년 (쇼와25)	1. 코민포름, 일본공산당 지도자 노사카 산조의 평화혁명론 비판. 평화문제간담회「강화 문제에 대한 성명」발표. 사회당 분열, 4월 재통일 3. 자유당 발족 4. 국민민주당 결성 7. 일본노동조합총평의회(총평) 결성. 기업의 레드퍼지 시작 8. 경찰예비대령 공포	2. 미 매카시 선풍 시작 3.「스톡홀름 어필(Stockholm Appeal)」발표 6. 한국전쟁 발발 10. 중국인민의용군, 한국전쟁에 출동
1951년 (쇼와26)	1. 사회당대회, 평화4원칙 결의. 미강화특사 달래스 일본 도착, 요시다 수상과 3차에 걸쳐 회담 2. 사회민주당 결성. 일본공산당, 무장투쟁방침 제기 4. 트루먼 미대통령, 맥아더원수 파면 6. 정부, 제1차 추방해제 발표. 일본, ILO와 유네스코 가맹 8. 정부, 제2차 추방해제 발표 9. 대일강화회의 개최. 대일평화조약·일미안전보장조약조인(54.4 발효) 10. 출입국관리령공포. 사회당임시대회, 좌우양파로 분열 12. 마샬플랜 종료	

연도	일본 및 일본 관련	세계
1952년 (쇼와27)	2. 개진당 결성. 제1차 한일회담 개시 6. 스이다사건(吹田事件) 7. 오스사건(大須事件). 파괴활동방지법 공포. 보안청법 공포(10월, 경찰예비대를 보안대로 개조) 8. 일본, IMF(국제통화기금)·세계은행에 가맹 10. 제4차 요시다 내각 성립	11. 미대통령선거에서 아이젠하워장군(공화당) 당선
1953년 (쇼와28)	2. NHK, 도쿄지구에서 텔레비전 본방송 개시 3. 중의원, 야당 3파가 제출한 요시다 내각 불신임안 가결, 해산(바가야로 해산) 5. 제5차 요시다 내각 결성 9. 독점금지법 개정 공포	3. 소련수상 스탈린 사망 7. 한국휴전협정조인 8. 미한상호안전보장조약조인
1954년 (쇼와29)	1. 헌법옹호국민연합 결성 3. 제5 후쿠류마루, 비키니에서 수소폭탄 실험에 의해 피해. 일미상호방위원조협정(MSA) 조인 6. 경찰법 개정 공포. 방위청설치법·자위대법 각각 공포(7월, 자위대발족) 11. 일본민주당 결성 12. 요시다 내각 총사직, 제1차 하토야마 이치로 내각 결성	6. 주은래·네루, 평화5원칙 발표 9. 동남아시아조약기구(SEATO) 창설
1955년 (쇼와30)	1. 일본공산당, 『아카하다』에 극좌모험주의의 자기비판 발표 3. 제2차 하토야마 내각 성립 7. 일본공산당, 6전협 9. 일본, GATT 가맹 10. 사회당통일대회 11. 자유민주당 결성. 제3차 하토야마 내각 성립	4. 아시아·아프리카 회의 개최, 반둥10원칙 채택
1956년 (쇼와31)	7. 경제백서, 「이제 전후는 아니다」라고 규정 12. 국연총회. 일본의 국제연합 가맹 가결. 하토야마 내각 총사직. 이시바시 탄잔 내각 성립	2. 흐루쇼프, 스탈린 비판 10. 헝가리사건

참고문헌

본문 속에서 언급한 문헌을 비롯해서 집필에 있어서 참고한 것을 수록했다. 그 외, 여기에서는 지면관계상 하나하나 들지는 않았지만 많은 문헌으로부터 가르침을 받았다. (각 장마다 간행연대 순으로 배열)

전체

升味準之輔,『戦後政治』上, 東京大学出版会, 1983年
歴史学研究会編,『日本同時代史』(全5巻), 青木書店, 1990-91年
雨宮昭一,『戦時戦後体制論』, 岩波書店, 1997年
雨宮昭一,『近代日本の戦争指導』, 吉川弘文館, 1997年
雨宮昭一,『総力戦体制と地域自治』, 青木書店, 1999年
竹前栄治,『占領戦後史』, 岩波書店, 2002年
福永文夫,『戦後日本の再生』, 丸善, 2004年

머리말

雨宮昭一,「戦後日本の形成・変容と戦争」, 同時代史学会編,『戦争と平和の同時代
    史』, 日本経済評論社, 2003年
雨宮昭一,「"同化型占領がなくても民主化は進展しえた"」, 同時代史学会編,『占領と
    デモクラシーの同時代史』, 日本経済評論社, 2004年
ジョン・ダワー, 三浦陽一ほか訳,『増補版 敗北を抱きしめて』上下, 岩波書店, 2004年
雨宮昭一,「戦後の語り方ーサクセスストーリーとナルシシズムから"学問"へ』,『獨協

　『法学』67号，2005年11月

キャロル・グラック，梅崎透訳，『歴史で考える』，岩波書店，2007年

제1장

丸山真男，『増補版 現代政治の思想と行動』，未来社，1964年

東久邇稔彦，『東久邇日記』，徳間書店，1968年

五百旗頭真，『米国の日本占領政策』上下，中央公論社，1985年

五百旗頭真，「アメリカの対日占領管理構想」，中村政則ほか編，『世界史のなかの
　　一九四五年』（戦後日本 第1巻），岩波書店，1995年

雨宮昭一，「岸信介と日本の福祉体制」，『現代思想』，2007年1月号

제2장

千葉正士，『学区制度の研究』，勁草書房，1962年

中島太郎，『近代日本教育制度史』，岩崎書店，1966年

木戸日記研究会編集校訂，『木戸幸一日記』，東京大学出版会，1980年

竹前栄治，『ＧＨＱ』，岩波書店，1983年

豊下楢彦，「比較のなかの日本占領」，歴史学研究会編，『日本同時代史』2，青木書店，
　　1990年

五百旗頭真，「占領改革の三類型」，『レヴァイアサン』6号，1990年4月

寺崎英成，マリコ・テラサキ・ミラー編著，『昭和天皇独白録 寺崎英成御用係日記』，文
　　芸春愁，1991年

吉田裕，『昭和天皇の終戦史』，岩波書店，1993年

荒敬，『日本占領史研究序説』，柏書房，1994年

久保義三，「占領と教育改革」，中村政則編，『占領と戦後改革』（近代日本の軌跡6），吉
　　川弘文館，1994年

大内裕和，「教育における戦前・戦後」，山之内靖ほか編，『総力戦と現代化』，柏書房，
　　1995年

増田弘，『公職追放』，東京大学出版会，1996年

粟屋憲太郎，『東京裁判への道』上，講談社，2006年

제3장

高柳賢三ほか編著,『日本国憲法制定の過程　I 原文と翻訳』,　有斐閣,　1972年
高柳賢三ほか編著,『日本国憲法制定の過程　II 解説』,　有斐閣,　1972年
袖井林二郎,『マッカーサーの二千日』,　中央公論社,　1976年
木戸日記研究会編集校訂,『木戸幸一日記』(앞의 책)
粟屋憲太郎・解説,『資料日本現代史』第二巻,　大月書店,　1980年
大嶽秀夫,『アデナウアーと吉田茂』,　中央公論社,　1986年
永井憲一・利谷信義・古関彰一ほか編,『資料日本国憲法』I,　三省堂,　1986年
升味準之輔,『日本政治史』4,　東京大学出版会,　1988年
中村政則,『戦後史と象徴天皇』,　岩波書店,　1992年
古関彰一,『新憲法の誕生』,　中央公論社,　1995年
三谷太一郎,『近代日本の戦争と政治』,　岩波書店,　1997年
東野真,『昭和天皇二つの「独白録」』,　日本放送出版協会,　1998年
古関彰一,『「平和国家」日本の再検討』,　岩波書店,　2002年
原秀成,『日本国憲法制定の系譜』I・II・III,　日本評論社,　2004-06年
坂野潤治,『明治デモクラシー』,　岩波書店,　2005年
北康則,『白洲次郎　占領を背負った男』,　講談社,　2005年
加藤哲朗,『象徴天皇制の起源』,　平凡社,　2005年
金宮正,「憲法制定過程におけるGSとESSの関係」,『横浜国際経済法学』16-1,　2007年　9月

제4장

日本経済新聞社編,『私の履歴書』第3集,　日本経済新聞社,　1957年
片山哲,『回顧と展望』,　福村出版,　1967年
西尾末広,『西尾末広の「政治覚書」』,　毎日新聞社,　1968年
松岡英夫,『片山内閣』,　片山内閣記録刊行会,　1980年
伊藤隆,『昭和期の政治』,　山川出版会,　1983年
伊藤悟編,『政治顧問団(POLAD)政党報告』,　東出版,　1994年
荒川章二,「片山哲」吉田裕ほか『敗戦前後』,　青木書店,　1995年
天川晃,「「民主化」過程と官僚の対応」中村政則ほか編,『占領と戦後改革』(戦後日本　第
　　2巻),　岩波書店,　1995年
福永文夫,『占領下中道政権の形成と崩壊』,　岩波書店,　1997年

議会政治研究会,『政党年鑑(昭和22年)』, 現代史料出版, 1998年

朝日新聞政党記者団,『政党年鑑(昭和23年)』, 現代史料出版, 1998年

功刀俊洋,『戦後地方政治の出発』, 敬文堂, 1999年

伊藤悟,「「五五年体制」の形成と自由主義」『歴史学研究』増刊号, 1999年10月号

都留重人,『いくつもの岐路を回顧して 都留重人自転』, 岩波書店, 2001年

小野善邦,『わが志は千里に在り 評伝大来佐武郎』, 日本経済新聞社, 2004年

雨宮昭一,「岸信介と日本の福祉体制」(앞의 책)

제5장

辻清明編,『資料戦後二五年史』1, 日本詳論社, 1966年

西村熊雄,『日本外交史』27, 鹿島研究所出版会, 1971年

細谷千博,『サンフランシスコ講和への道』, 中央公論社, 1984年

渡辺昭夫・宮里政玄,『サンフランシスコ講和』, 東京大学出版会, 1986年

J・ウィリアムズ,『マッカーサーの政治改革』, 朝日新聞社, 1989年

古関彰一,「吉田政策の中道内閣」, 歴史学研究会編,『日本同時代史』2, 青木書店,
　　1990年

中村隆英,『昭和史』II, 東洋経済新報社, 1993年

吉田茂記念事業財団編,『吉田茂書翰』, 中央公論社, 1994年

福永文夫,『占領下中道政権の形成と崩壊』(앞의 책)

塩崎弘明,『国内新体制を求めて』, 九州大学出版会, 1998年

都留重人,『いくつもの岐路を回顧して』(앞의 책)

進藤榮一,『分割された領土』, 岩波書店, 2002年

加藤恭子,『田島道治』, TBSブリタニカ, 2002年

森武麿・浅井良夫,『新版 現代日本経済史』, 有斐閣, 2002年

吉田裕,「戦後改革と逆コース」, 同編『日本の時代史』26, 吉川弘文舘, 2004年

제6장

経団連防衛生産委員会編,『防衛生産委員会十年史』, 1964年

日立工場労働組合編,『日立労働運動史』, 1964年

R.P. ドーア,『日本の農地改革』, 並木正吉ほか訳, 岩波書店, 1965年

梅根悟監修,『図表でたどる日本の教育』, ほるぷ, 1975年

雨宮昭一,「財政再建と工業化への胎動」, 辻清明ほか編,『茨城県議会史　戦後編』, 1979年

ジョン・ダワー,『吉田茂とその時代』下, 大窪愿二訳, TBSブリタニカ, 1981年

雨宮昭一,「玉里村」, 茨城県史編纂総合部会編,『茨城県史　市町村編Ⅲ』, 1981年

中村隆英,「「日米経済協力」関係の形成」, 近代日本研究会編,『太平洋戦争』, 出川出版会, 1982年

森清,「戦時下の町工場」内田星美編,『技術の社会史』5, 有斐閣, 1983年

大嶽秀夫,「日本における「軍産官複合体」形成の挫折」, 同編著,『日本政治の争点』, 三一書房, 1984年

高度成長を考える会編,『高度成長と日本人　Part1』, 日本エディタースクール出版部, 1985年

『芦田均日記』第三巻, 岩波書店, 1986年

五十嵐武士,『対日講和と冷戦』, 東京大学出版会, 1986年

総評編,『総評三十年　資料集』上, 労働教育センター, 1986年

R.P.ドーア,『イギリスの工場・日本の工場』山之内靖・永易浩一訳, 筑摩書房, 1987年

安達生恒,『村の戦後史』有斐閣, 1989年

맺음말

茨城の占領時代研究会編,『茨城の占領時代』Ⅰ・Ⅱ巻, 茨城新聞社, 2001年

雨宮昭一,「地域の戦時・戦後と占領」天川晃ほか編,『地域から見直す占領改革』, 出川出版社, 2001年

中北浩爾,『一九五五年体制の成立』, 東京大学出版会, 2002年

出口雄一,「戦後占領期日本の法制改革研究の現況と課題」,『法制史研究』56号, 2006年

三輪泰史,「紡績労働者の人間関係と社会意識」『歴史学研究』, 2007年10月　創刊号

색인

일본 근현대사 시리즈 ⑦

점령과 개혁

초판 1쇄 발행일 2012년 10월 2일

지은이 아메미야 쇼이치
옮긴이 유지아
펴낸이 박영희
편집 이은혜·김미선·정민혜·장은지·신지항
인쇄·제본 태광인쇄
펴낸곳 도서출판 어문학사
　　　　서울특별시 도봉구 쌍문동 523-21 나너울 카운티 1층
　　　　대표전화: 02-998-0094 / 편집부1: 02-998-2267, 편집부2: 02-998-2269
　　　　홈페이지: www.amhbook.com
　　　　트위터: @with_amhbook
　　　　블로그: 네이버 http://blog.naver.com/amhbook
　　　　　　　　다음 http://blog.daum.net/amhbook
　　　　e-mail: am@amhbook.com
　　　　등록: 2004년 4월 6일 제7-276호

ISBN　978-89-6184-144-3 94900
ISBN　978-89-6184-137-5(세트)
정가　13,000원

이 도서의 국립중앙도서관 출판시도서목록(CIP)은 e-CIP홈페이지(http://www.nl.go.kr/ecip)와
국가자료공동목록시스템(http://www.nl.go.kr/kolisnet)에서 이용하실 수 있습니다.
(CIP제어번호: CIP2012004127)

※잘못 만들어진 책은 교환해 드립니다.